古典について

吉川幸次郎

講談社学術文庫

目次

Ⅰ　古典について　9

Ⅱ　受容の歴史　49

III　江戸の学者たち　133

古典について

I　古典について

古典について――あるいは明治について

一　明治の記憶

私は一九〇四年の生まれである。明治三十七年であり、その年の二月に、帝政ロシアとの戦争がはじまったあくる月の生まれである。戦争のことはむろん何も知らない。私より十ほど年上の人ならば、この戦争と、またそれに対する内村鑑三の抗議とを、幼時もしくは少年時の記憶として残しているであろう。私はもはやそうでない。

またその年は、大陸では清《しん》の徳宗《とくそう》皇帝の光緒《こうしょ》三十年甲辰《こうしん》であり、唐宋以来、千年にわたる制度であった進士試験の、最後の一回が挙行された年である。進士の試験というのは、要するに、一般人の間から、文学の能力によって、行政官をえらぶ制度であり、日本にはない制度である。あるいは律令時代の日本でも多少模倣しようとしたけれども、身分の世襲がはなはだしくない中国では可能であっても、おおむねの身分が世襲された当時の日本では、成功しなかった制度である。また中国文明に従順であった江戸時代の儒者のなかで、雨森《あめのもり》芳洲《ほうしゅう》などは、この制度を不合理だとする。しかしながら中国では、この制度が、久しきにわたってその文明をささえ、またその文明が文学を特に重視するのの象徴でもあった。

それが私の生まれたこの年に行われたのを最後として、以後は行われていない。翌年、明治三十八年、光緒三十一年、徳宗皇帝は、あるいは実際の独裁者であったその義母の西太《せいたい》后《こう》、すなわち慈禧《じき》皇太后は、勅語をくだし、千年間存続したこの制度の廃止に、ふみきったからである。辛亥《しんがい》革命にさきだって、中国旧文明の終熄《しゅうそく》を、実はそれを欲せざる人人が、宣言したものであった。年表をくって見ると、日本では漱石の「吾輩は猫である」が、この年に書かれている。なお先だって訪日した中国作家代表団との座談で、この年の進士試験の及第者、つまり甲辰の科の進士数十名のうち、なお二人だけはペキンに健在であることが、話題となった。

一九〇八年十月、西太后が死に、それと同じ日に、徳宗光緒帝が、おそらく毒殺によってなくなると、徳宗の甥《おい》である幼帝、すなわち近ごろその自伝「わが前半生」〔愛新覚羅溥儀「わが半生――「満州国」皇帝の自伝」全二巻、小野忍ほか訳、大安、一九六五年、のちちくま文庫、一九九二年〕が邦訳された溥儀《ふぎ》氏が、大清皇帝となったのは、私の数え年五つのときである。この事件は不思議に、私の記憶にある。溥儀氏は当時三歳のはずであり、おなじ年ごろの幼童の写真が、新聞にのっていたためなのであろうか。祖母が、大叔母の一人と、やはり女の天子さんではうまく行かぬらしい、こんどは男やそうなと話していたのを、満洲帽をかぶった幼童の写真とともに、おぼえている。黒ずんだ城壁の写真がその下にあったのは、ペキンの紫禁城であろう。

小学校へはいるまでの世事の記憶は、もう二つある。ハルピン駅頭での伊藤博文の朝鮮人安重根《あんじゅうこん》による暗殺、および幸徳事件である。ふたたび歴史年表をくって見ると、前者は一九〇九、後者は一九一〇の事件である。いずれの場合も、号外が家族の夕食の膳のそばにおかれていた。前者については母が、昔なら太閤さんが殺されたようなものですね、といった。そのころは活動写真といった映画で、そのニュースが神戸の町へも来たのを、叔母の一人が見につれて行ってくれた。暗殺を予期せずして撮られたものであり、汽車からおりた公爵が、ふいに人垣にかこまれて見えなくなった。そうした場面と、その場面についての叔母の説明とをおぼえている。後者、幸徳事件については、おとなたちが議論していたのだけをおぼえ、議論の内容はおぼえない。ことわっておくが、私の家のおとなたちは、特別に教養のある人人ではなかった。

いわゆる日韓併合は、幸徳事件とおなじく一九一〇年の世事であるが、そのときはすでに小学校にはいっていた。校長先生から、こんどのことは両国の合意によるもので、日本のおしつけでない。そこのところをまちがえないようにと、訓話があった。軽微な疑問、あるいは反撥が、こども心にあった。

明治天皇がなくなられた明治四十五年、私は小学校の三年生であった。その夏、私は大病にかかり、ねたきりであった。天皇の病状についての号外が、毎日何度かくばられ、母がまくらもとで読んでくれた。二か月かかった私の病気が直り、学校へ出てゆくと、大葬の霊柩が東京の宮城を発引する夜は、生徒一同、校庭にあつまるようにと、指示された。夜の校庭では、鉄のうけざらに薪がもえ、生徒一同、東京にむかって遥拝《ようはい》した。あれがかがり火というものだな、と私は思い、ひどく古風に思えた。御大葬は、すべて古式にのっとって行われるむねが、新聞にのり、家族たちの話題でもあった。古式の装束の用命は、何商会が調達を承ったとも書いてあった。古式は、神戸の小学校の校庭にも及び、あのかがり火がそうなのだなと思った。乃木大将夫妻の自刃はその夜のことである。

やがて東京を発引した霊柩が、汽車で京都に運ばれ、桃山陵に葬られるまでの写真が、大量に新聞にのり、乃木夫妻の死に関する記事と交錯した。夫妻の死に対する評価が家族の間で一定しなかったのは、おそらくそれに対する新聞の論調が一致しなかったからであろう。しかし、夫妻の死は全く無意味であるという京都大学の教育学教授、谷本富《とめり》博士の説が紹介されると、夕食の家族の会話は、かえってそれに反撥し、だんだん将軍の死に同情する方向にかたむいていったと思う。ただしこの記憶、やや不たしかである。

それよりも、家族たちの興味の中心は、御大葬の新聞写真にあった。すべてが古式にのっとられる一端として、大葬の長官であるなにがしの宮さまが召されるのは、古風な装束の喪服であった。その色は鈍色、ニビイロと読むのだと、やはり新聞の知識であった。ニビイロというその音声に、小学生は、今の私もそうであるように、興味を感ずるとともに、ある疑問をもいだいた。霊柩のそばを歩む他の人人は、軍人が軍服であるのをはじめ、洋服である。なぜ宮さまとその従者の人たちだけが、古風な装束なのか。子どもの目には、ちぐはぐにうつった。

維新前後の京都の商家にそだった祖母の感想は、また別であった。娘のころの世相として、安政の大地震のはなし、鉄砲焼けという大火で焼け出された話、浪人ものの押込みにおそわれての恐ろしさ、夜があけるとどの家の屋根にも天照皇大神のお札がふっていたという不思議、何度建て直しても、緋のはかまをはいたお稲荷さまのお使いが門前を通ると、すぐ火が出て焼けたのは、本願寺であったか佛光寺であったか、あるいはまた孝明天皇の崩御についての巷説、それらのことどもをいつもよく私どもにかたりきかせていた祖母は、こんどの天子さまのお葬式は、これまでにない大そうなことだといった。こんど御即位の天子さま、というのは大正天皇のことであるが、こんなけっこうなご身分の方はあるまいとも、いった。

時あたかも中国では、辛亥革命が進行中であった。溥儀氏の回想録をくって見ると、氏の退位の詔書が、実父摂政王と、義母である光緒帝の皇后の意思により、発せられたのは、明治天皇崩御の前年、四十四年の年末である。

新しい革命軍の旗じるし、それはのちの国民党の旗とはちがった図案であったと記憶するが、それがやはり新聞にのっているのを、父が私に示したのをおぼえている。また孫文《そんぶん》、黄《こう》興《こう》というような人名を、その写真とともにおぼえた。みなこのもしい風貌であった。袁《えん》世《せい》凱《がい》、これは子どものすく風貌でなかった。

二　明治への距離

以上、個人的な私事を語ったのは、現在六十一歳の私は、明治生まれにはちがいないけれども、明治の終ったとき、私は八歳の子どもであり、明治のよさも悪さも、自己の体験としては、もたないということを、いいたかったのである。またそれゆえに、私より十以上年上の七十以上の人人とは、明治に対する考え方、というよりも感じ方に、ちがいがあるのではないかということを、いいたかったのである。

日露戦争、それは内村鑑三らのそれに対する批判とともに、明治をもっとも明治らしくする事件であったように思われる。いま七十歳の人人は、それらを幼童として見聞し、感動し、八十歳以上の人人は、青年としてそうであった。私は同じ情況にいない。

かつて八十近い先輩から、歴史の上で、やむにやまれぬ戦争というものがあるとすれば、それは日露戦争である。にもかかわらず内村先生はそれに反対された。先生の態度は、戦争を遂行した人人の態度とともに、立派であると、説かれた。この先輩の感動は、明治をよき時代として追憶するその感情の基底となっていると見うける。しかし私はそれを知識として摂受するにすぎない。

別の形で要約すれば、おなじく老人であっても、私ども二十世紀のはじめに生まれた老人と、十九世紀の末に生まれた老人との間には、明治に対する感情に、ある差違があるということである。

　それはまた地域による差違であるかも知れない。いわゆるおひざもとの東京で、ことに山の手のお屋敷の少年として、明治の時期をおくった人人と、私のように、関西に育った人間との間には、明治に対する心理に、ある開きがあるであろう。

　明治の東京の権力ある人人の恩恵につながり、あるいはまたそれだけに少年あるいは青年としてそれに反撥した人人は、明治という時代に対する感情が、よきにつけあしきにつけ、より深刻であるかも知れぬ。詩人金子光晴氏は、私より十ほど年上であるらしいが、その近著「絶望の精神史」〔光文社、一九六五年、のち講談社文芸文庫、一九九六年〕には、そうしたことを感じさせる部分がある。ことに「ひげの時代の悲劇」の章。

　明治天皇の大葬にまつわる記憶は、小学校の校庭のかがり火、宮さまの鈍色《にびいろ》の装束、それらとともに、もう一つある。天皇の崩御とともに、われわれは明治の聖代に見すてられたのである、そうした意味の新聞の社説があった。叔父の一人が、昂然としていった、明治の聖代が終ったということは、大正の聖代がこれからはじまるということだよ、そう思わないか。叔父はそのとき三十ぐらいであった。家族のなかで一ばんの進歩派であり、福沢諭吉の塾に、しばらくではあるがいたということであった。

　以後、私の小学、中学、旧制高校、大学、すべて大正の時代であり、関西のそれらであった。大正の時代は、事実、明治よりもよい時代のように、私には見えた。少なくとも軍人は、肩身をせまくしているように見えた。原敬の内閣は、それまでの元老の内閣よりも、進歩したもののように見えた。軍縮も可能であった。

明治の偉大さを私に語りきかせる人人にも、乏しかった。成人してはいった京都大学の先生たちもそうであり、明治維新というのは、一二の藩の野心家が、手段をえらばずに遂行した革命であると、そうもらされる人もあった。先生たちのおおむねは、明治の権力の一つである東京の学閥に入れられず、関西の大学に来られた人人であることも、その心理にある作用を及ぼしていたかも知れない。なお谷本富教授は、さきの乃木大将批判がたたり、私が入学するよりずっと前に、すでに京都大学を去っていられた。

三　明治の得失

「春秋公羊《くよう》伝」に、「三世」という考えがある。自己と父の時代は、「見る所の世」であり、祖父の時代は、「聞く所の世」であり、曾祖父高祖父の時代は、「伝聞する所の世」であって、自己との距離の遠近に応じて、歴史認識に差違を生ずるという思想である。私の明治に対する関係を、ここまで語って来たのは、この中国の古書の思想が、多少の作用を、私に及ぼしているからである。明治は私にとって、「見る所の世」ではほとんどない。「聞く所の世」なのである。しかしその方向のことを語るのは、以上でやめてよい。

明治は、たしかに偉大な時代であったように思われる。政治家、実業家のことを、私はよく知らないので、しばらくおくとして、夏目漱石、森鷗外、中江兆民、それらの人人を、私はことに明治の偉大な人物と思う。それらは従来の日本のもたなかった人物であるばかりでなく、以後にも乏しいであろう。漱石の全集を私は読返したく思いながら、まだ充分なひまをもたないままであり、したがって印象は充分にたしかでないけれども、彼のように雄弁な、あるいは饒舌な、小説家を、その後の日本はもたないように思われる。また兆民の「三酔人経綸問答」を、私は近ごろ始めて読み、その思想の卓抜さに驚嘆した。ことにその日本非武装論に、嘆服した。論の是非よりも、調子の高さに嘆服した。嘆服のあまり、この思想の来源をいろんな人にきいてまわっている。カントの永久平和論であろうという人もいる。孟子《もうし》であろうという人、墨子《ぼくし》であろうという人もいる。しかし少なくとも孟子と墨子に関するかぎり、ここまで徹底した非戦論はない。その独創性は、私を大変感動させる。そうしてその本が出たのは、明治二十年である。

しかしながら、この偉大な時代は、多くのものを得たとともに、多くのものを失った時代でもあったように、私には思われる。それはあまりにもいそがしすぎる時代であったことに、基因する。そうしていそがしさのせいとして、その文明の地色はきめの荒いものであった。そのためそれまでの日本の文明のもっていたきめのこまかさ、それは急速に失われたのではないか。そうしてまた昭和の今に至るまで、失われたままになっているのではないか。そうしたことを感ずる。

明治文明のきめの荒さ、その一つの象徴となるのは、この時代におこったところの、あるいはこの時代にはじまるところの、「万葉集」の一方的な尊重、またそれと反比例して、「古今集」の一方的な軽視である。

明治までの日本の歌学の、あるいはひろく文学の、中心的な古典は、「古今集」でこそあれ、「万葉集」ではなかったと思われる。それを実証する挙例はいくらもあろうが、室町足利の世の文学の代表として、謡曲をとりあげるならば、「井筒《いづつ》」「杜若《かきつばた》」など、「伊勢物語」に取材するものはいうまでもなく、謡曲の引用文の依拠、ないしは感情の依拠、すべては「古今集」にあり、「万葉集」ではない。風ふけばおきつ白浪たつた山よはにや君がひとりこゆらん。「伊勢」にも見え、「古今」の「雑歌」の部にも見えるこの歌を主題として、世阿弥の「井筒」は生まれていること、唐衣きつつなれにしつましあればはるばるきぬる旅をしぞおもふ、と、「伊勢」にも見え、「古今集」の「羇旅歌《きりょか》」にも見えるものが、おなじく世阿弥の「杜若」を生んでいるのと、おなじである。「古今集」と「源氏物語」がなければ、謡曲がW・B・イエーツと、E・パウンドに影響するという事態は、生まれにくかったと思われる。

そうしてかく「古今集」が孤行して、文学の古典である時期が、十世紀におけるその出現以後、おそらく千年以上にわたってあったと思われる。「古今伝授」というようなばかげたことがらも、その間に付随しておこったけれども、あるいはそうしたばかげたことどもが付随するほど、民族の文学の古典であった。そうしてその間、「万葉集」は忘れられた文学であったと見うけられる。

四　万葉と古今

「万葉集」の尊重は、明治の時代の子規居士《こじ》に至って、突然にはじまったのではない。江戸時代に、もとよりその系譜がある。契沖、真淵、宣長、これは私ども浅学のものも知る系譜である。子規が「歌よみに与ふる書」を書いた明治三十一年、一八九八、それに先だつこと二百年の、元禄三年、一六九〇に、契沖の「万葉集代匠記」は脱稿され、ついで宝暦十年、一七六〇に、真淵は「万葉考」の序文を書いている。

しかし「万葉集」のみを一方的に尊重し、そのため「古今集」を切りすてるという武断の態度は、明治以前にはなかったように見うけられる。

契沖は「代匠記」の序説の部分で、「万葉集」を、中国の詩の歴史における「詩経」に対比していう、そもそも唐に毛詩《もうし》あり、後の作者、則《のり》をここに取れり、わが朝にしては、この集を彼に準ずべし、云云。

契沖は中国文学の歴史にも精通していた。彼は「毛詩」すなわち「詩経」は、最古の詩として、尊重されているけれども、中国後世の詩人が、「詩経」から摂取する法則は、詩の精神の法則であっても、詩の技術の法則ではなく、技術の法則の摂取源としては、あまりにも素朴な古代の詩の集積で「詩経」があることをも、計算に入れつつ、「万葉」をそれに比定したと思われる。

契沖はつづいてまた、「万葉」の尊ぶべき理由として、「古今集」の序文、「新古今集」の序文が、いずれも「万葉」を和歌の祖とするのを引き、源遠くして流れ遠し、もっとも仰ぐべし、という。つまり「万葉」の価値を、「古今」「新古今」の選者の評価によって、たしかめているのである。価値の基準は「古今集」にあるように見える。

契沖の価値の基準が「古今集」を離れなかったことは、一一の歌の注釈にも散見する。ふと目についた例をあげれば、巻三下、家持《やかもち》が愛人の死を哀傷した歌の一つ、佐保山にたなびく霞見るごとに妹《いも》を思ひいで泣かぬ日はなし。それに注して、霞は、うるはしきにつけても、はかなきにつけても、思ひ出づべし、つまり霞は感情を託する自然としてしばしば文学に現われるといい、その証左として、「古今集」巻十六、「哀傷歌」の一つ、かずかずに我を忘れぬものならば山の霞をあはれとは見よ、を引用している。つまり文学の事態の共通を、「古今集」によってたしかめている。

しかし契沖の「代匠記」は、私の熟読の書でない。ややよくその学説を知る学者として、宣長の所説は大へんはっきりしている。

宣長は、みずからの学問の方法を、後輩のために説いた名著「うひ山ぶみ」のうち、歌集を読むこと、また作歌が、学者にぜひ必要なしごとであることを説いたくだりで、次のようにいう。「万葉」はまことに重要なとうとい歌集である。しかしあまりにも素朴である。たとえば白妙衣《しろたえごろも》である。題材も発想も限定され、いくつかの歌の下の句が、完全に同じである場合さえ、ある。それに対し、後世の歌は、より進歩した段階にある。「古今集」を読めば、歌の真盛《まさかり》、クライマックスはここにあると、まず思う。しかし更に「新古今集」を読めば、より一そうのクライマックスは、ここにこそあると、感ぜざるを得ない。

しかるに世のいわゆる古学のともがらは、「万葉」のみを一方的に尊重するあまり、「古今集」以後の歌は、みな実情にあらず、題をまうけて、己が心に思はぬ事を、さまざまとつくりて、意も詞をも、むつかしくくるしく巧みなす、みないつはりにて、歌の本意にそむけり、とそういってしまう。

それも一おうの道理のように見えるけれども、実は思慮の足らぬ即断である。何となれば、歌というものは、そもそもが作り事である。作為である。宣長の語をそのままに記せば、ただにいひ出づる物にはあらず、かならず言にあやをなしてとのへいふ。それが歌、あるいは文学の、本質であり、使命である。古今以下をかえりみない古学のともがらは、そのところをわきまえない。つまり素材の直写は文学でない。少なくともそれのみが文学でない。素材による造型こそ文学だと、宣長はいうのである。

しかしこの宣長の態度は、明治に至って祖述されないことになった。貫之は下手な歌よみにて古今集はくだらぬ集に有之候《これありそうろう》、子規居士によるこの決定は、継承されて今に至っているように見える。

五　詩における理知

「万葉」と「古今」の優劣を、詳論すべき場所でここはない。また私にはそのための十分の素養もない。

しかし両者の差異として、私の気づいたことの一つをいうならば、花の色はうつりにけりないたづらにわが身よにふるながめせしまに、小町。おほかたは月をもめでじこれぞこのつもれば人のおいとなる物、業平。おおむねの人は無常感と呼び、私は推移の悲哀と呼ぶ感情、つまり時間の流れの上にうかびのっかった存在として人間を見る感情は、これら「古今集」の歌において、はじめて顕著である。

そもそもこの和歌集の部立てが、春の歌、夏の歌、秋の歌、冬の歌と、四季の推移を追って排列されているのも、この感情と無関係ではあるまいとさえ思う。いっぽう、「万葉」の歌に、この感情の現われることは、まれである。「万葉」の歌びとも、時間の推移を歌わないでない。たとえば、わが待ちし秋はきたりぬ妹《いも》とわれ何ごとあれぞ紐解かざらむ。あるいは、霜枯れの冬の柳は見る人のかづらにすべく萌えにけるかも。「万葉」の時間はおおむねただ、幸福の絶頂にむかってのみ流れているように見える。

二つの感情の論理的価値は、文学としては別の問題である。ただもし、きめのこまかさという点からいえば、「古今」的な感情の方がきめがこまかいように、私は思う。少なくとも二つの感情を並存させる文明の方が、よりきめのこまかい文明であり、「古今」的感情を退廃としてしりぞけてしまうのは、きめのより荒い文明のように、私には思われる。事実、人間は時間の流れの上にうかぶ微小な存在でもある。

また一つのことをいうならば、子規居士が、「古今」をくだらぬ歌集とするのは、感情の直叙でなく、理屈の歌であるということが、第一の理由のようである。年の内に春は来にけりひととせを去年《こぞ》とやいはん今年とやいはん、在原元方。いかにも開巻第一の歌、すでに理屈である。

この元方の歌そのものは、しばらくおこう。詩はしかく必ず理知を排除することによってのみ成立するのであろうか。ことに定型詩ではそうなのであろうか。脚韻も抑揚律ももたず、五七五七七、あるいは五七五と、音数律のみしかもたない日本の定型詩では、そのことがそんなには感ぜられないかも知れない。西洋の詩のおおむねは、毎行の中の抑揚を整合せねばならぬのみでなく、see, thee, tree, three と、行の終りに、脚韻として、同母音の語を配置する。中国の詩も、毎行の平仄《ひょうそく》の抑揚を整合した上、山サン、関クワン、看カン、蘭ラン、端タンと脚韻をふむ。中国の詩には更にまた、杜甫の詩作にも顕著なように、片雲天共遠、永夜月同孤、あるいは烽火連三月、家書抵万金と、対句の技巧がしばしばである。それらは、片雲ハ天ト共ニ遠ク、永キ夜ニ月ハ同ジク孤ナリ、あるいは、烽火ハ三月ニ連ナリ、家書ハ万金ニ抵《アタ》ルと、二つの事柄を、文法的条件を同じくする句形に整合するしわざである。

これらの整合は、理知の力を借りないであろうか。借りないではほとんど不可能であると思われる。五七五七七あるいは五七五と音数律のみをもつ日本の定型詩においても、感情の表現となる言葉のリズムが、自然にこの音数にすべり込む場合は、むしろまれであろう。理知の反省による整合、たとえそれは意識の下部にあるものであっても、それがおおむねの場合に必要と思われる。内部から発散を欲する感情と、外部から制約を強いる理知と、その二つが整合された緊張が、定型詩の美であると思われる。あるいは、美と数学的な真との共在が、定型詩の運命であり、使命であるといって、よいかも知れない。

ところで詩の外形についての以上の反省は、詩の内容となるものについても、ある反省をうながす。詩の内容は、内的なあるいは外的な刺激に対する感情の反応であるとすれば、反応を率直に表現するのも詩の道であるとともに、感情発生の経過に、因果その他の論理の層を感じ、それを利用して感情を強調することも、詩の美を緊張させ複雑にする道であろう。おほかたは月をもめでじこれぞこのつもれば人のおいとなる物。業平の前にある直接の刺激は、今夜の月光である。それをゆく末のいくつかの月光へとみちびくのは、感情よりもむしろ理知である。しかし理知のみちびきによって、感情は拡大し、緊張している。明治の文明の急速な判定は、かつての宣長の熟慮をも参酌しつつ、吟味が必要な時期に、われわれはいるように思われる。

六　学術の文章

私は必ずしも宣長とともに、「古今」は「万葉」よりも歌の盛り、「新古今」は更に真盛りと、するものではない。ただ明治時代における「万葉」の偏重、それと反比例しての「古今」の過度の軽視に、不安を感ずるのである。そうしてやがてのちに述べるであろうように、われわれが明治の文明を継承するだけで事足るとするならば、それまでであるけれども、もし明治を超えて伝統を継承しようとするならば、あるいは少なくとも回顧しようとするならば、非明治的な態度も必要であろうというのである。近ごろ立命館大学の梅原猛君が「展望」十月に発表した論文「美学におけるナショナリズム」〔一九六五年、のち梅原猛「美と宗教の発見」筑摩書房、一九六七年所収〕も、「古今集」の埋没を論じて、私の論旨とあい近いが、私は氏の論及された諸点をせいぜい避けつつ、論を立てた。

「古今集」の軽視は、明治の文明のきめの荒さの一例である。方向を同じくする事がらで、私の関心するものが、別にいくつかある。学術の文章の美しさが、明治に至って急速に失われたと感ずるのは、その一つである。

江戸時代の学者は、原則としてみな文章にたくみであった。漢学者国学者を通じてそうである。少なくとも一流の学者、ことに思想家をもって任ずる人たちは、そうである。江戸の漢学の創始者である林羅山が、その学問の範囲の博大さにもかかわらず、その書く漢文がたくみでないのは、草創期の人のもつ制約として、また文章を重視しない戦国期の延長として、やむを得ない。

元禄の学者の巨頭である伊藤仁斎の漢文は、文法の正確さのみならず、リズムの的確さでも、中国の一流人の文章にせまる。彼が漢文で書いた「論語」の注釈「論語古義」は、従来の朱子学の厳粛主義を、孔子の本来でないとして否定し、一種の生命の哲学を説く点、日本哲学史の画期であるばかりでなく、大陸では約百年をへてのち、清朝の中ごろの学者が期せずして同じ方向におもむくのを、先取するものであるが、この新しい「論語」の注釈について、同時に立派なのは、その漢文の文章である。

ついでは新井白石の漢詩文がすぐれるばかりでなく、「折たく柴の記」の和文の美しさは、人人のよく知るごとくである。

更に荻生徂徠に至っては、思想家であるとともに、文章家であることを自覚とした。彼は、仁斎のあとをついで、朱子学の厳粛主義を一そう厳重に否定するが、彼の方法の根底には、すぐれた思想の言語は、同時に必ずすぐれた文学の言語でなければならぬとする思考があった。美と真の共存、更には一致、それが彼の哲学の理想であった。

徂徠は近ごろいろいろの人人によって議論される形勢にあるが、もしこの点を見のがすならば、そうしてまたそれは見のがされがちであるが、もしそうであるならば、完全に徂徠を理解することは困難であろう。彼は古典を読む場合、まず重視するのは、古典の文章のリズムであった。彼による「論語」の新解釈「論語徴」は、そうした読書の成果である。またみずからの学説をつづる場合も、「論語徴」の漢文をはじめ、はなはだしく文章に意を用いた。あるいは用いすぎた。彼が長崎通事の岡島冠山《おかじまかんざん》を師として、中国音を学んだのは、読書の受動においても、漢文をつづる能動においても、中国語のリズムの把握に、完全を期したからである。

そうして彼は事実また、享保の学界の最高権威であるばかりでなく、その主唱する「古文《こぶん》辞《じ》」の漢詩文が一世を風靡することによって、詩壇文壇の権威であった。

時あたかも芭蕉ののち、蕪村の前、俳諧中衰の時期にあたる。詩心ある武士と町人の詩の能力は、はなはだしく彼の唱える漢字の文学にすいよせられたという可能性を、私は多くの実証をもたないけれども、ひそかに想像している。国文学者の研究を得たく思う。

七　美と真の共存

美と真の共存ないしは一致を主張する徂徠の方法の継承者は、実は宣長であった。

道理を知るためには、「古事記」を読め、しかし「古事記」を理解するためには、まず「万葉」を読んで、古代の言語のパトスを知れ、更にまたそのためにはみずからも歌を作れ、そうした宣長の方法は、道理は儒家の経典にある、しかし経典を読むためにはまず詩文を読め、詩文を読むためには、みずからも漢詩文を作れ、という徂徠の方法が、中国語という外国語を素材とするために、おのずから多くの制約をもったのを、母国の古語を素材とする作業にうつして、徂徠以上の成功を収めたものと観察される。拙著「受容の歴史」〔本書所収〕参照。

ただし、詩人としての宣長の能力は、必ずしも高くないであろう。しきしまのやまと心を人とはば朝日ににほふ山桜花。私はこの歌の内容となった思想を理解することはできる。いつものごとく、「物のあはれ」の尊重をいうものとして、理解することはできるけれども、詩としての美を感じない。また世人が宣長といえばそれのみを知り、またそれのみによって宣長を評価しがちな「玉鉾百首《たまぼこひゃくしゅ》」に至っては、詩としての美を感じないばかりでなく、内容となった思想も、私の理解にあまる。

しかしその散文は、爽快である。一例として、随筆「玉かつま」巻四の「うはべをかざる世のならひ」という条。

よに先生などあふがるる物しり人、あるは上人などたふとまるる法師など、月花を見ては、あはれとめづるかほすれども、よき女をみては、めにもかからぬかほして過るは、まことに然るにや。

しかしこの偽善への激烈な非難は、次のように調和されて収まる。

しかはあれども、よろづにうはべをつくりかざるは、なべてのよのならひにしあれば、これらは、いつはりとて、さしもとがむべきにはあらずなん。

更にまた宣長の主著は、何としても「古事記伝」とせねばならぬが、この的確無比な注釈は、その文章が、同時に的確な美しさにみちている。「言の文《かざ》り無きは、行わるること遠からず」という孔子の語は、江戸時代、はなはだ忠実に実践されたと見うける。それは病弊をも伴っている。徂徠の主張は、一種の言語哲学であるが、すでに過度であるかも知れない。また安藤昌益《あんどうしょうえき》の思想が、明治の狩野亨吉《かのうこうきち》、またカナダのE・H・ノーマンを待って、はじめて埋没を免れたのは、彼の文章の乱雑さのためであったと思われる。昌益と同時の学者たちは、彼の奇妙な文章に接したとき、ただそれだけで彼って、かえってよく認識されたのである。彼の思想の実体は、文章の巧拙に無頓着な外国の歴史家によって、かえってよく認識されたのである。

こうした美と真の共存あるいは一致、それは明治の文明の破棄するところであった。破棄の先頭に立ったのは、福沢諭吉である。にもかかわらず、諭吉は別種の名文家であった。それ以後は、科学は科学の道を、文学は文学の道を、一そう歩んだ。おそらくヨーロッパの国におけるよりも、分裂ははなはだしかった。そこに明治の科学の進歩があり、文学の進歩があった。それとともに明治の文明のさびしさがあった。

私が漱石と鷗外を偉大とするのは、明治の文明の中で、美と真の一致をなお求めた人人であると感ずることを一因とする。英文学の学者としての漱石の業績は、「文学評論」を頂点として、もう一度評価されてよいと考えるが、そもそも彼の小説が、雄弁であり、饒舌であるのは、小説によって哲学を説こうとするからである。

また鷗外の晩年の史伝を、私は一部の人人ほどには高く買わないけれども、史実の忠実な追跡によって、美を作ろうとしたのは、真の中に美を求める態度であり、過去の伝統の、よき再現であった。もし「渋江抽斎」において、抽斎の得意とした目録版本の学、すなわち中国書のビブリオグラフィを、自分は門外漢だからといって、あのように敬遠せず、それをも記述したならば、一そう不朽の作であったろうにと、惜しまれる。抽斎の「目録の学」は、一そう鷗外の頭脳をもってすれば、必ずしも追跡に困難なものではなかったであろうだけに、一そう残念である。

なお渋江氏の抽斎という号は、清《しん》の段玉裁《だんぎょくさい》の「説文解字注《せつもんかいじちゅう》」に、抽《ちゅう》と読《どく》とは、古代中国語では発音の近いシノニムであると説くのにもとづき、書物を抽《よ》むことを仕事とする男子、そうした意味であろうと、私は考えている。

八　注釈の学

従来の日本の文明には存在しながら、しかも明治のきめの荒い文明が失ったもののまた一つは、注釈の学である。

出現の順にかぞえて、十七世紀後半における契沖の「代匠記」、仁斎の「論語古義」、十八世紀前半における徂徠の「論語徴」、その後半における宣長の「古事記伝」、いずれも対象とした古書に対する精緻きわまる迫力ある注釈である。

何故に精緻であるか。注釈者は、対象とする書物の言葉の精密な検討から出発して、著者の、契沖の場合は歌人の、心理にわけいっているからである。仁斎はいう、「論語」を完全に読めたということは、「論語」の言葉を自己の言葉として発音してみて、何の不自然をも感じなくなることであると。それは仁斎のみの心がけではなかったと思われる。

彼らよりややおくれて大陸でおこった清朝古典学の方法、すなわち彼の土の語で「漢学」と呼ぶものの方法も、ほぼおなじである。さきに渋江氏抽斎の号の由来として言及した段玉裁の「説文解字注」に、読書とは抽書であって、「其の義蘊《ぎうん》を抽繹《ちゅうえき》して、無窮に至る」、つまり言語の内容となっているかぎりのものを、徹底的に分析し抽出することであり、単に「其の文辞を得る」、語の表面的な意味を知って足れりとすることではないという。この段玉裁の語も迫力をもつが、それにさきだつこと百年の仁斎の語が、読書とは、こちらの心理が、感情をもふくめて、著者と一体となることという方が、さらに透徹した見解であると思われる。そうして仁斎の「論語古義」は、この方法をみごとに実践し得ている。

それゆえに、彼らの注釈は、語学的に精緻であるばかりでなく、哲学の書としての迫力をもっている。対象とする古典が、自己と一体なのである。注釈は古典の注釈であるとともに、同時に自己の哲学の表明である。あるいは時に古典の字句を離れて、自由に自己の哲学を説く部分がはさまれることもある。しかしおおむねは古典の字句に即する。

仁斎は、「論語古義」の各処で、その生命の哲学を、また鬼神の非実在を説き、徂徠は「論語徴」の各処で、その寛容主義を、また仁斎の鬼神非実在説に対してはその反論を、説いている。拙著「論語」朝日新聞社〔全二巻、一九五九―一九六三年、のち角川ソフィア文庫、二〇二〇年〕参照。そうして宣長は、その哲学の中心となる「物のあはれ」の尊重を、また神秘の伝説は神秘のままに容認するのこそよい、世界のすべては可知でない、不可知の部分を多く含むからという哲学を、「古事記伝」の随処に説いている。

宣長の主著は、それゆえに何よりも「古事記伝」であるとせねばならぬ。「古事記」の文章に即して、文章の背後の心理にわけいり、抽出しうべきものの限りを抽出し、それによって自己の哲学を説いたところの、この書にこそあるとせねばならぬ。「うひ山ぶみ」「玉かつま」は、名著であっても主著ではない。おなじように、仁斎にあっては、「論語古義」「孟子古義」こそ主著であって、「語孟字義」それにつぎ、その哲学を概論した書「童子問」は、卓抜の見解に富むけれども、その主著とは彼自身考えなかったであろう。徂徠もまたその概論の書である「弁道」「弁名」のみが読まれ、「論語徴」が読まれないならば、抗議を呈出するに相違ない。古典と一体になること、それこそ彼らの学問の方法の根底である。一体となった古典、まずその解説においてこそ、自己の学説を見てほしい、そういうであろうと思われる。

その辺の呼吸が、明治の学者にはあまりよく分っていたように思えぬ。「日本倫理彙編《にほんりんりいへん》」その他、明治以来、これらの学者の著述で覆刻されたのは、主として「童子問」「弁道」「弁名」「うひ山ぶみ」の類であり、「論語古義」「論語徴」「古事記伝」の類の覆刻されることは、まれであった。

そうしてまた明治は、古典の注釈として、以上の諸書のような名著を生んでいないと見うける。部分的な付加はあったかも知れぬ。しかし以上の諸書のような精緻にしてしかも迫力ある注釈は、明治に乏しいばかりではない、それ以後にどれだけあるか。はなはだ疑問のように思われる。

注釈の学を失った代替がなかったわけではない。明治が代りに得たものは、大槻文彦らの辞典の学であり、また歴史の学、広義のそれ、であった。両者は注釈の学を更に進歩させ得るように見えて、結果は必ずしもそうならなかった。

ない。

九　辞典の学

辞典の学と注釈の学とは、状態と効用とを一つにするように見える。実は必ずしもそうでない。

辞典の対象とするものは、単語である。単語は概念の符牒であり、それゆえに意味内容を一定するように見える。果してそうなのか。よい人は善人である。お人よしは善人すぎる人である。よい男は美貌の男子をいうものとして、堅気の男子にも用いられる。よい女は、美貌の女子をいうけれども、堅気の家の娘さんには用いられない。よい、というこの簡単な日本語が、いかなる他の語とむすびつくかによって、かくも意味を分裂させ、変化させる。辞典はその平均値をいい得るにすぎない。

更にいえば、単語という現象は、辞典に現われるだけで、実在の言語の現象としては存在しないといえる。実在するのは、常に文章である。いくつかの単語がつづりあわされた文章、それのみが、口語としても、記載としても、実在である。そもそも実在ではない単語について、辞典のわり出す平均値は、いかに辞典家が努力しても、虚像であり、いずれの文章の中にあるその語の、価値の実像でもない。

ことに文学の言語に対して、辞典は効用を乏しくする。文学は個性の表現であり、その言語は個性的である。常に著者の個性による新しい内容が充足されていなければならない。近ごろイギリスの批評家のだれかがいったように、煉瓦のようにわれわれの周辺にころがっている単語が、詩の中では黄金のように輝いて、新しく生きかえらねばならない。むろん辞典ののべる平均値と、それは無関係でない。しかし平均値プラスアルファであり、アルファーが大きくかがやかねばならぬ。

しづかさや岩にしみいる蟬の声。しみいるは日常語である。しかし芭蕉のこの句におけるそれは非凡である。また、しみいるの非凡によって、しづかさも、もはや普通のしづかさでない。もっとも密度の高いしづかさとなっている。それらはもはや辞典の追跡し得るところでは、完全にない。精緻な注釈の学のみが、能力をもつ。

芭蕉の初案は、さびしさや岩にしみ込む蟬の声、また、さびしさの岩にしみ込む蟬の声、であったとされる。なぜ、さびしさが、しづかさに定着せねばならなかったか。shimiiruとshimikomuの差違、すべては美の力学に属する。辞典的な思考の解決し得るところでない。

日本語の初歩を知る外国人ならば、和英辞書を引いて、しづかさは、stillness、さびしさは、tranquility、しみいる、もしくはしみこむは、to penetrate、岩は、rock、蟬は、cicada、声は、voiceあるいはcryであることを、知るであろう。また日本文法書を検して、や、に、の、というテニヲハの、やはり平均値的な効用を知るであろう。しかしそれだけでこの句は解せない。宣長は、「古今和歌集」を口語に全訳した「遠鏡」の凡例のなかで、すべての人の語は、同じくいふことも、いひざまいきほひにしたがひて、深くも浅くも、をかしくもうれたくも聞こゆるわざにて、といった上、歌はことにそうであるという。かく、それぞれの文章と歌の、いひざま、いきほひを、精細に見分けて、語の深さ浅さ、をかしさうれたさを、正確につかむのが、宣長らの注釈の学であった。

しかし明治の国学の興味は、別の方向にむかった。語の平均値を求める辞典の方向にむかった。あるいは、語源の穿鑿《せんさく》は重要でも必要でもないと、宣長が「古事記伝」でも「玉かつま」でも「うひ山ぶみ」でも、丁寧に注意しているのとは反対に、それに力をそそぐ辞典もあった。むろん国語の辞典は、江戸の世にもあった。また漢語の辞典として、徂徠の「訳文《やくぶん》筌蹄《せんてい》」、仁斎の子東涯の「操觚《そうこ》字訣《じけつ》」、みな一種の漢和辞典である。しかし主力はそこになかった。

かくて明治の注釈の学は、おとろえた。精緻と迫力を失った。注釈の仕事は、必ずしも一流でない人人が、辞典ののせる意味を、頭注するというのが、おおむねになった。辞典の進展は、注釈の学に寄与するように見えて、かえってその堕落をも招いた。

かつてソヴィエトをおとずれたとき、その国の学者から、他のヨーロッパ語は、みな「四書」「五経」の訳をもつのに、ロシア語はもたない、早く翻訳を作りたいこと、そのためにはまず古代中国語の辞典を作りたいことを、語られた。私はそれでは順序が逆であり、辞典よりも翻訳の方がさきでないかといったが、それは非科学的であると反論された。マルクス主義からは、そうなるのであろうか。あるいはソヴィエトの東洋学は、今まさに明治の時期にあるのであろうか。

一〇　日本書紀

明治あるいはそれ以来の注釈の学が、その精緻さを失った具体的な例としては、「日本書紀」に対するそれをあげることができる。そうしてこの場合は、歴史学の進歩が、かえって注釈の学、少なくとも「日本書紀」の文章の心理に対するそれを、怠らせることになった。

議論の大きな前提として、まずいわねばならぬことは、「日本書紀」の文章は、原則として漢文であることである。歌の表記として漢字を単に音標として用いた部分、たとえば、ヤクモタツイヅモヤヘガキを、夜句茂多菟、伊弩毛夜覇餓岐と、そう表記したような部分は、もちろん別である。しかしその他の大部分は、漢文として書かれている。

その漢文の文体は、中国では中世の美文体、いわゆる「四六文」の文体である。江戸の儒者たちの書いた漢文が、むこうでは唐宋以後の文体である「古文」の文体を用いたのとは、ちがっている。また江戸期の儒者の漢文ほどは、むこうの一流の文章に接近していないかも知れない。しかし「書紀」の時代、つまり八世紀の中国の歴史書の文体を、学んだものである。またそれを学ぼうとして、筆者ははなはだしい苦心を払い、かつ相当に成功している。

たとえば神代の巻のはじめの方、いざなぎ、いざなみの二神が、会話を交すくだりで、女神がさきに発言したのを、男神が怒り、アレハコレマスラヲナリ、コトワリマサニマヅトナフベシ、イカンゾタヲヤメノ、カヘッテコトサキダツヤ、コトスデニサガナシ、ムベアラタメメグルベシ、と和訓されている個所の漢字は、吾是男子、理当先唱、如何婦人、反先言乎、事既不祥、宜以改旋、と記されている。

ところでこの漢字の排列は、事柄を完全な中国文で書こうとした筆者の努力を、十二分に示している。文法的条件ばかりでない。文章の美的条件として、当時の中国の散文の要求した音数律が、きちんと整備されているからである。いうまでもなく中国語は、字に書いた一字が、発音すれば一シラブルである。右の文章が、一句四字ずつであるということは、四シラブルずつの句が、当時の中国の散文とおなじく、斉整なリズムを作っているということである。

wu shi nan zi　吾是男子
li dang xian chang　理当先唱
ru he fu ren　如何婦人
fan xian yan hu　反先言乎
shi ji bu xiang　事既不祥
yi yi gai xuan　宜以改旋

右は今のペキン音による表記であるが、八世紀の中国音と完全にことなるものではない。更にまたより細密な音声の技巧が、みとめられる。平仄《ひょうそく》すなわち抑揚律が、当時の中国では詩のみならず、散文にも要求されつつあったが、右のうち理当先唱、lǐ dāng xiān chàng、事既不祥 shì jì buq xiáng、宜以改旋 yí yǐ gaǐ xuán の諸句は、抑揚配置の法則をも満足する。

更に読み進んで、崇神紀の詔勅、それはかつて津田左右吉博士が、中国の史書に見えるいくつかの詔勅のつぎはぎであると、正しい指摘をしたことが、博士をして法廷に立たせたものであるが、そこでは平仄抑揚の整備が、一そう細密に留意されている。つぎはぎはつぎはぎであっても、一貫した音律が、美文の定型にはまるよう、細心な注意のもとに、つぎはぎは行われている。

四年冬十月庚申朔、壬午、詔曰、惟我皇祖諸天皇等、光臨宸極者、豈為一身乎、蓋所以司牧人神、経綸天下、故能世闡玄功、時流至徳、

以下は略するとして、アマツヒツギヲシロシメスコトと和訓されている光臨宸極の句、アニヒトハシラノタメナランヤと和訓されている豈為一身の句、みな抑揚律への配慮が見られる。更にまた司牧人神、経綸天下という対句、世闡玄功、時流至徳という対句に至っては、以下省略したところに見えるなおいく組の対句とともに、抑揚の配慮もっとも周到であり、その中国音は、はなはだリズミカルである。

こうした念の入った美文に対処するためには、まず中国の韻律学について充分の用意がなければならぬ。また中国でも八世紀以後は勢力を失ったこの古い文体の習慣と心理とに対して、充分の理解がなければならぬ。

江戸時代の「書紀」注釈家は、立派にそれらをそなえていた。

一一　書紀学の変遷

江戸時代の学者の「日本書紀」に対する業績の代表となるのは、谷川士清《たにかわことすが》の「日本書紀通証」、延享五年、一七四八、および河村秀根《かわむらひでね》の「書紀集解《しょきしゅうげ》」、天明五年、一七八五である。ともに注釈は漢文で書かれており、前者では闇斎《あんさい》系統の神国思想のやや過剰なのをきらうが、後者は、「書紀」の漢文の用語の一一につき、その使用の先例を、広範囲に中国書のなかに求める。これは「書紀」の著者の意向に大へん忠実な労作とせねばならぬ。何となれば、「書紀」の文章は、中国の古書に見える表現に、せいぜい依拠しようとしているからである。河村はそのほとんどをさぐりあてているようであって、津田博士が、詔勅のあるものが中国のそれのしきうつしであることを指摘し得たのも、河村のさきだっての仕事に負うところが多いと思われる。

ところで注意したいのは、谷川、河村、ともに注釈の漢文の達者さである。しかもその漢文の文体は、「書紀」の本文が中国中世の歴史書の文体であるのに応じて、みずからの文体をも、せいぜい中国中世の注釈書、たとえば唐代の「五経正義」の文体に近づけようとしている。事がらは早く足利時代、一条兼良の「日本紀纂疏《にほんぎさんそ》」にはじまるが、二氏もそのあとをついでいる。見やすい例として、河村がその書の巻頭にかぶせた総論八篇は、唐の孔穎達《くようだつ》の

「周易正義」の巻頭にある総論八篇の文体を、うまく学んでいる。

時代錯誤といえば、それまでである。しかし彼らの努力は、「書紀」の文章が中国中世の文体であるのを思い、そのリズムを身をもって体験することにあり、そのためにみずからの文章の実践をも、それに近づけたと思われる。彼らの漢文にはおかしな個所が全然ないではない。それは「書紀」の本文が、漢文で日本の事実を記そうとしたため、漢文としては無理な個所がときどきあるのに似て、しかしそれよりははるかに少ない。この二人の注釈家が、漢文の文章としての「書紀」のリズムを、きめこまかに理解していたことは、疑うべくもない。

ところでこのようなきめのこまかい方法は、幕末から明治へかけて世の中がいそがしくなるとともに、「書紀」に対しても、失われて行ったようである。そのころに書かれた飯田武郷《いいだたけさと》の「日本書紀通釈」は、いわゆる日本精神を顕揚する書として、つまり「書紀」の言語の媒介する哲学を説くに長じた注釈として、戦争中推奨されたと記憶する。ところで、この書の「書紀」の文体への理解は、すでに弱まっているように見うける。もっとも私はいずれも全書を通読したわけではない。かつて中国中世言語史の傍証として、「書紀」を読み、いくつかの個所を比較してみての印象である。

そうして明治の文明の進むとともに、漢文の文章としての「書紀」への理解は、いよいよ失われていったと見うける。それは明治の文明が注釈の学を失った代償として、歴史の学を得たことに基因しよう。

明治の歴史学は、この書を、もっぱら史料として読んだ。史料として読むということは、この書の言語が伝達する歴史事実、それをもっぱら研究の対象とすることである。言語はただ事実を伝達するための媒介と見なされ、言語そのもののもつ心理のきめ、これはあまり問題にされなくなった。何をいっているか、それのみが問題となり、いかにいっているか、それは問題でなくなった。

歴史学としては、それでよろしいであろう。またされぱこそ明治以来の歴史学の進歩があった。しかし古典をその言語に即して読む学問は、衰退をまぬがれなかった、古典をその言語に即して読む場合は、単に何をいうかが問題ではない。何をいかにいっているかが問題なのである。そうして、いかにに重点をおけば、何をはむしろ第一の問題でない。むろん記載の発生には、まず事実があり、そうしてのちに表現がある。つまり何をがあってのちに、いかにがある。しかし、いかにを追求する立場からは、何をはいかにの補助にすぎない場合さえある。

私は近ごろ岩波版の「書紀」の新注を読み、この書の記載する歴史事実についての研究が大へん進歩したことを慶賀するとともに、この書は元来漢文として書かれたかどうかを疑う学説が、注記されているのに、とまどった。(「日本古典文学大系」「日本書紀」下五五八頁〔坂本太郎・家永三郎・井上光貞・大野晋校注、岩波書店、一九六五年〕）中国語のリズムに熟達することは、今日でも容易でない。交通の不便な舎人《とねり》親王の時代は、一そうであったと思われる。筆者たちの苦心は、その漢文のできばえいかんにかかわらず、大へんであったにちがいない。その人たちの鬼哭《きこく》をきくがごとくである。

一二　東洋史学

私はここでもう一度、宣長をもち出してよい。

常識では理解し得ない古典の記載、それらはただそうしたものとしてうけとればよいという主張は、「記」「紀」の神代巻が、その内容のゆえに、その言語までも見すてられる時代が来るのをおそれての、聡明な発言であったかも知れない。

更にまた重要なのは、宣長が「うひ山ぶみ」で主張するところの、心、ココロ、言、コトバ、事、ワザ、この三者は、相対応するものであり、三者は、人間の事実として、同等に重要であり、古書を読むには、その記載する事件の様相とともに、事件を記載する言語の様相、また言語の背後にある心理の様相を、問題にしなければならないという発言である。宣長のこの発言を、私はもっとも先ずわが意を得るものとして、これまであちこちに書いた。（「本居宣長」〔本書所収〕その他）ややくわしくは近著「短長亭集」〔筑摩書房、一九六四年〕に収めた諸文に見えるから、（「一冊の本」〔本書所収〕、「書斎十話」など）ここにはくりかえさないが、宣長のこの卓抜な見解も、明治のいそがしい文明からは、あまり多くの顧慮を得られなかったように見える。

いかにも明治以来、国語学は発達した。しかしおおむねは辞典の方向であった。宣長のように「心」ココロとむすびつけての、つまり著者の個性とむすびつけての、古書の解釈は、必ずしも辞典の学ほどには進歩しなかった。また社会史、政治史、経済史の進展は、めざましかった。しかし宣長のいわゆる「心」の歴史の研究は、近ごろ村岡典嗣《むらおかつねつぐ》、唐木順三、亀井勝一郎の諸氏に至るまで、寂寥《せきりょう》であった。現に日本思想史ないしは哲学史についての講座をもつ国立大学は、東北大学のみである。

ところでここまで私は、私の専門の中心ではない国学を資料として、話をすすめてきた。私の専門とする漢学、あるいは中国古典の研究についても、事柄はほぼ同じであると、いわねばならない。

明治以来の東洋史学のめざましい発達は、「四書」「五経」など中国古書の記載を、もっぱら中国古代史の史料として利用し、その記載が史実であるかないかを検討することを、主流の一つとして、発展してきたように見える。その結果、多くの弁偽の仕事がなされたのであり、その方面の学者である白鳥庫吉《しらとりくらきち》、内藤虎次郎《ないとうとらじろう》、津田左右吉、それらの人人の寄与は大きい。「書経」と「史記」の巻頭に見える尭舜その他五帝についての記載、また諸書に見える孔子についての記載のいくつかが、史実でないことは、決定的となった。

しかしそれは歴史学としての功績であり、功績は反作用をも伴っている。歴史学の史料としてのみ古書が読まれる結果、古書の文章のこまかな心理に対しての理解は、かえっておろそかになるのを免れなかった。あるいはまた、古書のうち事実でない記載をふくむ部分は、読むに値しないという性急な傾斜をさえ、以後の学者に生んだ。

これはおかしい。尭舜伝説のもつ意味、またその美しさは、歴史学の判定とは別に、依然として存在する。その意味と美しさとを考えることは、別個の学問として存在せねばならぬ。この立場からは、記載の内容が史実であろうとなかろうと、問題でない。また著者が所伝のごとく孔子であろうとなかろうと問題でない。問題はその中にどれだけの個性のかがやきが、永遠なものとしてあるか、あるいはないかである。

そもそも明治以来の歴史の学は、人間を集団として考え、個性の能力には冷淡であったように思われる。またすべては歴史の経過としてながめられ、永遠の問題への顧慮にとぼしかったように思われる。その暴風のすぎ去ったあとには、古書の文章の一一を、個性的な心理にわけ入ってかみしめ、その中から永遠なものを発見する作業が、おこらねばならないと思う。

近ごろもいろいろと出る中国史の概説書のはじめに、尭舜伝説についての説明のあるものは、依然としてまれである。西洋人の書くギリシア史は、ギリシア神話をかくも無視しないであろう。われわれの文明はなお過渡期にあるのであろうか。

一三　太　平

明治はたしかに偉大な時代であった。それは祖述さるべき多くのものをもっている。しかしきめの荒い時代であったことも、たしかでありそうである。われわれが祖国の文明を祖述しようとするならば、あるいは回顧しようとするならば、祖述ないしは回顧が、そこを終点とすべき時期に、今やわれわれはいないように、私は思う。明治をこえての祖述また回顧が必要なのでないか。

あるいはまた明治を祖述あるいは回顧の終点とすることは、別種の危険をも生むであろう。世人が古典的と意識するものは、明治に至って、古代的な形をよそおって、新しく考え出されたものが、往往であるからである。きわめて古い伝統と思われるものが、実は最近百年の所産にすぎないことがある。

この文章のはじめの方でいった鈍色、ニビイロの喪服は、その一つであるかも知れない。それは平安朝の風俗ではあったろう。しかし久しくうちたえていたものを、幕末から明治へかけての有職《ゆうそく》家の知恵が、復活したということはないか。

あるいはまた君が代の歌も、一つの象徴であろう。歌は、「古今集」の巻七、「賀の歌」の部に、わがきみは千世にやちよにさざれいしのいはほとなりてこけのむすまで、と見えている。しかしそのいわゆる「わがきみ」は、ひろく祝頌《しゅくしょう》さるべき相手をさす語であって、必ずしも大君ではなかったと、注釈にはいっている。

またわれわれのより身近な問題としてあるのは、現在われわれが使っている漢語である。それは漢字で表記されているゆえに、中国の古書に見え、したがって明治以前の日本人が早くから使っていた古典的な語のように、誤認されがちである。

しかしおおむねはそうでない。たとえば不用意に書いてきたこのあたりの文章に使った語のうち、象徴、祝頌、問題、表記、いずれも明治以前の日本には存在しなかった語である。中国語としてはなおさらである。二つの漢字をつらねてそれぞれのような意味を現わすことにしたのは、明治の知恵である。あるいは現在という語のごとく、明治以前にあるにはあっても、仏教の語としてのみあり、普遍な用語ではなかった。

この明治の知恵は、継承してしかるべきものである。また継承すればこそ、現在の日本語は成り立っている。この点に関しての私の所論も、私の他の文章に見えるが、先日の毎日新聞にのった金田一京助博士の所見は、一そう明快である。

ただ私は、それらの語が、他のいくつかの事象とともに、明治以前にも古い伝統をもつ古典的な存在であるとする誤認、それがしばしば世間にあると見うけるが、それを正したいのである。

ほかならぬ「古典」という語、それがすでに明治漢語の一つである。永遠の真理を蔵する古い書物、そうした観念は、明治以前にもあった。少なくとも江戸にはあった。儒者にとって「四書」「五経」はそうであり、国学者にとって「記」「紀」はそうであった。しかしそれらの書を「古典」と呼ぶ習慣は、なかった。日本にもなく中国にもなかった。それはclassicsという西洋の語の訳として、やはり明治の時代に生まれたものである。そうして「古典」の語を生んだ時代は、かえってきめのこまかな古典の学を衰退させた時期であったように、私には思われる。

きめのこまかい文明が、再び獲得されるためには、平和がつづかねばならない。太平が来ねばならない。「太平」という語も、中国の古書に現れる概念であって、世界には善意のみあり、すべての矛盾闘争のない時代を呼ぶ語で、元来はある。宣長は、それはむずかしい注文だと、あざけっているが、中国の古典では、尭舜の時代、また周王朝初期、周公が「礼を制し楽を作った」のちには、それが実在し、その祝福として、鳳凰が飛んで来て舞ったと主張する。そうして「論語」に見られる孔子の言葉、鳳鳥至らず、河《か》は図《と》を出ださず、われやんぬるかな。鳳鳥不至、河不出図、吾已矣夫。これは、絶望的な現実の中で、なお「太平」の到来を希求してやまなかった不遇な哲人の言葉の記録であると、解釈されている。

（一九六五年〔「朝日新聞」十月七日―二十二日〕）

II 受容の歴史

受容の歴史——日本漢学小史

一 日本における外国文明の受容——その中国との対比

現代の日本人の生活態度を、他の東南アジア諸国、少なくとも中国人、インド人のそれと比較するとき、一つの顕著な差違がみとめられる。すなわち中国人もインド人も、過去の自国の文化に対する自信を強くもつのに対し、日本人は必ずしもそうでないということである。

そのことをまず中国についていえば、中国は、今世紀にはいってから、周知のように、二度の政治革命を経験した。一九一二年、清朝の帝政から、中華民国の共和制への革命、また一九四九年における共産主義体制への革命である。この二度の革命の結果、過去の中国の文明は、すべて否定されているであろう、というのは、日本人のいだきやすい予想である。しかし事実はむしろ逆である。

中国でも、一九一二年の第一次政治革命についでおこった新文化運動、すなわち一九一七年にはじまるいわゆる「文学革命」の時代には、自国の過去の哲学、文学のおおむねを、否定しようとする議論があった。打倒孔家店、孔子村をぶったおせ、それが当時の文化人のスローガンであった。こうした旧文明否定の方向は、魯迅の主張にも相当強烈にふくまれている。またこれは魯迅の賛同するところでなかったけれども、全盤欧化、すべてをあげてのヨーロッパ化、というスローガンが、一九二〇年代には、となえられたことがあった。

けれども事態は、以後、その方向にすすんでいない。少なくとも現在の大陸の中国は、そうでない。その政治は、はっきりとマルクス・レーニン主義の立場に立つことを宣言している。それと同時に、過去の中国の文明を「偉大的」な「優秀的」な文化遺産として、継承することを態度としている。そうして現在の中国の状態は、過去の中国の文明がはらんで来た当然の帰結としてある、と説明される方向にある。

もっとも、過去の中国の哲学の中心であった孔子の思想に対しては、やや判断が中止されているように見える。北京政府の要人でもある郭沫若《かくまつじゃく》氏の「十批判書」が、中国古代の種種の思想を批判したうち、もっとも高く評価するのはやはり孔子であるように見うけられる。（野原四郎、佐藤武敏、上原淳道訳「中国古代の思想家たち」はその訳である。上巻、一九五三年、下巻、一九五七年、岩波書店）しかし、いかに孔子を継承すべきかについては、やや判断が停止されているように見える。

しかしながら、こと文学に関するかぎりは、そうした中途はんぱな態度ではないように見える。中国の過去に生まれた文学のすべてが容認されているように見える。それも消極的な容認ではなく、積極的に、もっともすぐれた文学として推奨されているように見える。「詩経」、屈原、陶淵明、李白、杜甫、白居易、陸放翁《りくほうおう》、関漢卿《かんかんけい》、「水滸」、「紅楼夢」、それらの文学の覆刻、注釈、研究が、おびただしく、執筆され、出版されている。

そうして、中国の人人がそれら自国の文学について語るときの情熱は、われわれが「万葉」について、「源氏」について、西鶴、芭蕉、近松について語るときの情熱よりも、おそらくは高い。

またそもそも日本人のうち、これらの古い文学について語り得るのは、実はその専門家である国文学者だけである。「万葉」も、「源氏」も、西鶴、芭蕉、近松も、学校で一部分は習っても、国民必読の書に、実はなっていないのが、日本の現実である。しかし中国人の過去の文学に対する関係はちがっている。上にあげたような書物は、少なくともその一部分は、現在も誰でもが、別にしいられなくても、読む書物なのである。巴金《パ　ヂヌ》の小説「第四病室」には、瀕死の病床にある労働者が、杜甫の詩の一節を口ずさむ情景がある。（筑摩書房版「儒者の言葉」〔一九五七年〕に収める「中国の古典と日本人」参照）

また日本では、国文学の非専門家はもとより、専門家でも、「万葉」「源氏」、その他について語る場合、たとい情熱をこめて語るにしても、その語り方には、ある遠慮を伴いやすい。世界には、このほかにいろいろのすぐれた文学があることを意識し、そうしてそれらを評価の基準としつつ、これら日本のものもまた、その基準に合致するという遠慮をこめた情熱である。

しかし、中国人が屈原につき、杜甫について語る場合は、屈原と杜甫の偉大さのみが、無条件に前にあるように感ずる。それは日本のドイツ文学者がゲーテについて語り、日本の英文学者がシェイクスピアについて語るときの情熱に、むしろ似ている。

また現在大陸の北京政府が、労働者、農民ばかりでなく、知識人の支持をも、得ているのは、かつての国民党の政府よりも、自国文化尊重の線をより強くうち出していることが、一因でないか。かつて魯迅によって痛烈に排撃された梅蘭芳《ばいらんほう》が、いま芸術院長として国宝的なあつかいを受けているのは、事がらの一つの象徴と思われる。

かく現在もはなはだ強く中国人にある自国の過去の文化への自信、あるいは尊敬は、ときどき中国以外の学者によって指摘されるように、中国の文化が、他の文化圏と隔絶された地形で、独自に発達して来たことから生まれた中華主義、すなわち中国即世界とする世界観が、現在においてもなお幾分かの原因となっているかも知れない。いわゆる中華主義への指摘は、他の学者によっても、行われているが、ここには日本人による指摘の例として、本居宣長の「玉かつま」の一章をひこう。七の巻の「唐の国人あだし国あることをしらざりし事」という章である。

もろこしの国のいにしへの人、すべて他国《あだしくに》あることをしらず。
おほかた国を治め、身ををさむる道よりはじめて、万《よろづ》の事、みなその国のいにしへの聖人といひし物の、はじめたるごとく心得て、天地の間に、国はたゞわれひとり尊しと、よろづにほこりならひたり。

然るを、やゝ後に、天竺といふ国より、仏法といふ物わたり来ては、いさゝかあだし国のあることをも、しれるさまなり。

いささか宣長のために補足すれば、中国が仏教を通じてインドという異種の文明を知り、それへの関心をたかめたのは、その中世史である六朝《りくちょう》から唐へかけてである。しかしこのインドへの関心も、宋以後の中国では、インドそのものの衰弱と、中国の民族主義の強化のために、衰退する。

さて宣長はさらにいう、インドばかりではない。もっと西にも、西洋の国国があり、それぞれに立派な文明をもっている、ということが、近ごろは、だんだん明《あきら》かになって来た。

かくて近き世にいたりては、かの天竺よりも、はるかに西のかたなる国々の事も、やうやうしられて、おほかた今は、天地の間の、万の国の事、をさ〳〵しられざるはなきを、そのはるかの西の国々にも、もろこしにあるかぎりの事は、皆むかしより有て、もろこしにはなき物も多くあり。もろこしよりはるかにまされる事も有り。

つまり西洋諸国は、中国以上の文明国であるかも知れぬ、と宣長はいうのである。にも拘《かかわ》らず、中国人が依然としてそれらに関心を示さず、文明といえば中国ばかりと思っているのは、古来中国が接壌して来た国国が、匈奴《きょうど》をはじめとして、低い文明をしかもたぬ国国であったからであり、外国といえばみんなそんなものと錯覚したのが、原因だと、宣長は結論している。

かくてそのよくしれる胡国などは、いたづらに広きのみにして、いといやしくわろき国なるを、つねに見しり聞しりては、他国はいづれも皆、かかる物とのみ思へりしから、何事もたゞたふときは、吾ひとりと、みだりにほこれるなり。

中華主義についてのこの宣長の指摘は、十九世紀までの中国については、おおむねあたっている。

今世紀の中国は、むろんこの状態から脱却している。しかし過去の文化の伝統に対する絶大な自信が、有力に継承されていることは、事実である。文学については、上にのべた通りであり、哲学については、判断停止と見うけられることを上にいったが、それにも一つの挿話を附加するならば、四五年前、北京の学界をおとずれたある友人が、その哲学研究所長に、孔子についてたずねたところ、答えは、孔子の思想については承認すべき部分とすべからざる部分とがあるが、何にしてもプラトンやカントよりは、数等偉大な思想家であるにはちがいない、とそういう答えであったという、これは公的な言葉として発せられたのではない。しかし似た言葉を、他の多くの中国人からも聞き得るであろうことが、想像される。

二 そのインドその他との対比

事がらはひとり中国についてそうであるばかりではない。インドについてもおなじであろう。私はインドの文明の歴史について、ほとんど何ごとも知らぬ。ただその文明の歴史は、中国のそれとはちがっており、中国では古代に発生した文明の伝統が、連綿として継承されて来たのに対し、インドはそうでなく、仏教が今日のインドではもはや片すみの存在であることが示すように、文明の歴史は何度かの断絶を経て来たと見うけるのであるが、只今のインド人が、自国の過去の文明に対してもつ自信は、私のあった数少なくはあるがすべてのインドの人、あるいは哲学者であり、あるいは社会科学者であり、あるいは詩人であるそれらの人人が、例外なくそれをはげしい情熱をもって語ったことによって、知られる。かつその自信は、中国人の場合よりも、一そう強烈であるように感じられる。

また事がらは、私が確実に知る中国、また不確実に知るインドばかりではない。この原稿を書いている一九五九年七月の新聞には、ハワイの東西哲学者会議に出席中の大島康正教授からの報告がのっている。

——胡適《こせき》博士をはじめ中華民国の学者たち、またインドやイスラム、パキスタンから来た学者たちは、それぞれ自国の哲学や宗教に大きな誇りをもち、その優越的な特色を力説する。

しからば、事がらは、東南アジアばかりでなく、西南アジアの、古い文明をもつ国国にわたってもおなじである。またそうであろうことは、私が出席したいくつかの国際会議の空気からも察せられる。

ところで大島氏の報告にはまたいう、アジアからたった一つ、自国の国民性や文化や哲学をかなり手きびしく批判した論文が送られて来た。すなわち湯川秀樹博士の論文であると。要するに、アジアの国国のうち、自国の文化の伝統に一ばん自信をもたない国、それはわれわれ日本であるということがいえる。

三　文学および文学教育における受容

以上にのべたことと互いに因果をなす現象として、日本ほど、外国文明の存在に敏感な国も、アジアにはないであろう。

テレビとラジオでは毎日、外国語の歌が歌われている。しかも日本人の歌手によってである。銀座のバアの名前の何パアセントかが、フランス語であり、化粧品の広告に外国人そっくりになれるというのを効能としているような現象は、ほかのアジア諸国では、おそらくない。

あるいはそれらをいうのが、事がらを戯画化するものだという非難をうけるならば、外国文学の日本におけるありかたも、それを示す。

日本ほど、外国文学の読者を広汎にもつ国は、アジアの他の地域にない。近ごろは、明治以後のものに関するかぎり、日本文学もなかなかよく読まれるようになったといわれる。いかにも漱石もしくは谷崎潤一郎は、トルストイよりも多くの読者を、おそらくもつ。しかし鷗外とフローベールとなると、どちらがより多く読まれているか、疑問である。そうして文学雑誌は、外国の新しい文学の情報をスクープすることに、ひところほどではないにせよ、はなはだ熱心である。

このような現象は、長くイギリスの植民地であったインドはしばらくおき、アジアの他の地域には稀である。大陸中国の出版は、ただいま甚だ盛んであり、ことに自国の文学に関する書物が、洪水のように出版されつつあることは、前にのべたごとくであるが、外国文学の翻訳は、はるかに少ない比率でしか出版されていない。

更に注目すべきは、日本の大学における外国文学のあり方である。

日本の大学では、中国文学、英文学、フランス文学、ドイツ文学など、諸外国文学の講座が、国文学の講座と並列しておかれ、大きな大学では、インド文学、ギリシア・ラテン文学、イタリー文学、ロシア文学、などの講座が、それに加わる。ところで現在のところ、学生が一ばん多いのは、フランス文学であり、英文学がそれにつぐ。国文学は、ずっと少ないのが、普通である。英文学に学生が多いのは、英語の教師の需要が多いということで、なお説明される。フランス文学に学生が多いのは、フランス文明に対するあこがれとしなければならない。学生がそうであるばかりではない。国文学の教授が、外国文学の教授を、衛星のごとくその周囲にしたがえている、という景観は、日本ではなかなか見られない。またそもそも講座の組織がそうなっていない。国文学の講座は、諸外国文学の講座と、並列してあるにすぎない。

この状態は、少なくとも中国の状態とは、たいへんちがっている。中国の大学の文学院すなわち文学部で、常に王座をしめるのは、「国文系」である。外国文学の教授は、その衛星としてある。そうして、外国文学の教授も、国文学に対して無知であることを許されない。外国文学を講ずる一方、外国文学研究で得た方法を、自国の文学にむけ、国文系の講義をも、あわせもっている。英文学をおさめた聞一多《ぶんいった》は、「詩経」を講じ、漢の民謡を講じ、杜甫を講じ、岑参《しんじん》を講じた。ギリシア文学をおさめ、日本文学をおさめた周作人《しゅうさくじん》は、六朝文学と明末文学を講義していた。いまは屈原研究の大家である郭沫若は、がんらいゲーテの愛好家である。すぐれた「杜甫伝」の著者である馮至《ふうし》は、ハウプトマンの研究家であった。日本の外国文学者が日本文学に無知であることを、往往ほこりにさえしているのとは、ちがった状態である。

以上の点について、他のアジア諸国の状態はあきらかでないが、ヨーロッパ、アメリカの状態はあきらかである。それぞれの国文学が、文学関係諸学科の中心にいることは、中国とおなじであるらしい。

イギリス、フランス、ドイツの状態を、私は正確に知らない。しかし、どこの大きな大学でも、まずそれぞれの国文学について、数人ないしは十数人の先生がいることは、たしかのようである。またアメリカの大学は、私がじっさい見て来たものであるが、たとえばコロンビア大学についていえば、その国語の文学である英文学に、十人内外の教授がいた。そうして外国文学は comparative literature 比較文学という名称で、おかれていた。

以上のごとくであるとすると、世界じゅうで一ばん外国文学を優遇している大学、そうして国文学を優遇しない大学は、日本の大学であるということになる。

四 学問一般における受容

ところで文学研究における外国への傾斜は、なおもっとも甚だしいものではない。国文学という講座は、各大学に確立され、それをもたない大学は、まずないからである。

哲学関係の学問となると、外国への傾斜は、一そう甚だしい。そこで講ぜられている哲学史は、ギリシアにはじまり、ハイデッガー、サルトルに至る、西洋の哲学史である。したがって西洋哲学史の講座は、各大学に一つ以上ある。あるいは、中国哲学史、インド哲学史が、それに加わっているが、やはり外国の哲学史であることには、かわりない。日本哲学史もしくは日本思想史という講座は、東北大学その他に例外的に一二あるきりであり、むしろそれを欠くのが、各大学の原則である。

また現代日本の哲学者たちの興味が、過去の日本の思想家にむかうことは、甚だ稀である。むろん親鸞、日蓮その他の祖師は、その宗派の人人によって、尊敬され、研究されている。また宗外の一般の哲学者の興味も、時に道元、親鸞にむかい、「正法眼蔵」「歎異鈔」にむかうことがある。しかし宗内の場合はしばらくおき、宗外の人人の場合は、むしろ稀な例外である。

　またかく一般の哲学者の興味が、稀に過去の日本の思想家におよぶ場合、そうした仏教家にばかりむかうのは、そのこと自体、西洋的であるといえる。日本の仏教も、超越者をみとめる思想であり、キリスト教的有神論哲学と、一ばん近いものだからである。それ以外に、過去の日本の有力な思想であった無神論哲学、すなわち仁斎、白石、徂徠の流れには、ほとんど無関心である。また有神論者でも、宣長の特異な思想に目をむける哲学者は、一そうまれである。

　なおここでは付帯的発言であるが、日本の哲学者が外国の哲学者とかたるとき、日本の仏教についてばかり語るのは、日本の歴史および現実について、誤解を与えていると、私は観察する。西洋におけるキリスト教のような形で、日本には仏教が存在するという誤解である。日本における仏教のあり方は、そうでない。日本人のおおむねは、少なくとも現在のそれは、無神論者である。

　話をもとへもどして、かく日本の過去の思想家は冷遇されているのに対し、西洋の、あるいは中国の、思想家たちは、二流三流のものについても、日本の研究者による研究が、発表されている。

　ただ史学の方面では、日本史の研究は、はなはだ盛んである。それはむしろ西洋史の研究を圧している。しかし史学の分野にも、西洋の影響が顕著な部分がある。それは東洋史の分野である。その研究は、日本史に劣らず盛んであるが、そのおこりは、十九世紀の西洋の東洋学、ことにフランスのそれが明治の末に日本にうつしうえられたことにあり、それが今日の東洋史の盛況の一因であることを、いなみにくい。

以上、私のもっともよく知る人文科学の分野について語ったが、お隣りの社会科学の分野でも、国外の事象のみが関心をしめやすいことは、おなじである。自然科学に至っては、一そう明瞭に、国外の学説と技術を、一刻もはやく摂取することを、任務の出発点としている。

五　外国文明受容の心情

以上、私の比較的よく知る学問の世界について考察した。

考察を学術の世界の外へひろげるのは、私にとって一そうむずかしいが、学術ばかりでなく、われわれの生活ぜんたいが、外国、ことに西洋を価値として、生きているということはないか。だいたいは無神論者であるわれわれ日本人にとって、西洋こそわれわれの神なのではないか。そうしたことが、大きな現実としてあると思われる。そのゆえにこそ女は髪を赤くそめ、テレビとラジオではあんなに外国の歌をうたい、歌手は、ペギーなにがし、ジェームスなにがしと、名のる。またいやな例であるけれども、パンパン嬢が、外国の兵隊と腕をくんで歩いているのには、それだけ外国人に近づいたというほこりが、ないではないであろう。戦争中、日本はずいぶん長く中国を占領していたけれども、中国の女性が、日本の兵隊と公然と往来を歩くことは、あまりなかったと思われる。

もう一ついやな、そうして大きな例をあげれば、右派の人人にとって、アメリカないしは西欧が、また左派の人人にとって、ソヴィエトと中華人民共和国が、それぞれ無条件に全面的な価値であることがあるのも、価値の基準を外国におく態度の、又一つの現れでないとはいえないであろうか。

要するに、外国の生活を価値の基準とする態度、いいかえれば一歩でも二歩でも外国文明に近づけば自己の文明の向上進歩であるとする心情は、われわれに大へん普遍である。あまりにも普遍であるために、かえって気づきにくいほど普遍である。

そうして、くりかえしていうが、こうした態度は、日本以外の国に必ずしも共通でない。アジアの諸国についてさえも共通しない。中国の市民が外国製品を、洋貨《ヤンホ》、外国貨《ワイゴホ》というときのひびきには、尊重の意味と共に軽蔑の意味がふくまれているように思われる。日本語の舶来《はくらい》とは、ひびきがすこしちがっている。

六　外国文明受容の歴史

こうした日本人の態度の起原、それは明治政府の功利的な欧化主義にあると、普通に考えられている。それはもとより全然誤った解釈ではない。しかし充分な解釈であるかどうか。それは日本の文明の歴史にうとい解釈のように私には思われる。

すなわち外国文明の存在に、大へん敏感であるということ、それはむしろ日本文化の久しきにわたる習性であり、現在の態度もその習性の結果である部分が少なくないと、私は考える。

外国文明の存在に敏感である習性、それは、日本の文明が、その出発の当初から、外国の文明の存在を意識し、且つそれを大急ぎで摂取して、自国の文明の基礎とすることで、出発したことに基づく。そうしてこの出発点は、実に明治維新まで維持しつづけられた。

ここにいう外国の文明とは、中国の文明である。明治以後の日本にとって、西洋が価値であるのとおなじ形で、それまでの日本にとって、中国は価値であった。ちょうど今日の明治以後の日本の文化人が、西洋文明の一顰一笑《いっぴんいっしょう》に敏感であるように、明治以前の日本の文化人は、中国文明の一顰一笑に敏感であった。

それはおなじくアジアの国であっても、過去の中国の状態とは対蹠的である。過去の中国は、さきに本居宣長の言葉を利用しつつのべたように、ひさしく自国以外の文明の存在を知らず、したがってまた冷淡な国であった。日本はそれに反する。しかもそれは一千年以上の歴史をもっている。それが形をかえて今日に及んでいる。形をかえてというのは、中国を価値とする態度が、中国以外の外国を価値とすることに、転換したことである。

この歴史は必ずしも普遍に今日のわれわれの心にあることでない。したがってかえりみられることの稀な歴史である。しかし今日のわれわれの態度を考え、きめるためには、実は必ずかえりみらるべき歴史であると、私は考える。

その歴史を説きたいのが、この文章の主目的である。

中国文明の存在を、念頭におきつづけたのが、過去の日本の歴史であるといっても、それはすべての時代を通じて、おなじ濃度にあったのではない。結論をさきにいえば、われわれのすぐ前の時代である江戸時代が、その頂点である。

順序として、歴史のはじめから説こう。

七　受容の歴史のはじめ

日本の文明が、中国の文明を摂取することを、そのさいしょの基礎としたことは、書記のさいしょの方法として、漢字もしくは漢文を採用せざるを得なかったことが、有力な象徴として指摘される。そうしてもっとも早い時期における、中国文明輸入の促進者として、思想的には聖徳太子の「十七条憲法」、制度的には天智天皇の大化の改新が、顕著な例としてあげられる。聖徳太子の「十七条憲法」は、日本人が書いた現存最古の外国語の文章であり、なかなか立派なできばえである。また太子の画像が、両がわに童子をしたがえるのも、そのころの中国の帝王像の型である。また太子と童子が着ているのが、完全な中国服であること、今のわれわれが完全な洋服をきているのと、おなじである。そのように当時の貴族は、服装、少なくとも公式のそれを、外国化していた。

ややおくれての聖武天皇は、もっともハイカラであった。今日正倉院に蔵するおびただしい唐風の調度は、天皇が光明皇后と共に、いかにその生活ぜんたいを中国化するに努めたかを、物語っている。宮殿や寺院の建築にも、唐風が模せられたであろう。そうした物質的生活ばかりではない。天皇が仏教に帰依して「三宝《さんぼう》の奴《やっこ》」と称したのは、さきだつこと二百年ばかり、彼の土の梁《りょう》の武帝のまねであり、大仏の営造も、ややさきだって唐の則天武后が白司馬阪《はくしばはん》に作った大仏の影響であるとする説がある。更にまた聖武のむすめ孝謙天皇が、女帝として政権をとり、僧道鏡を愛したのも、則天武后が、女帝として絶大の権力をもち、僧懐義を愛したことが、先例として意識されていたかも知れない。

要するに推古朝から奈良朝、それは日本の歴史がはじめて信頼すべき記載をもつ時期であるが、すべてを先進国大隋もしくは大唐に見ならおうというのが、すでに顕著な精神となっている。

興味があるのは、当時の大学の教課表として、七一八、養老二年に定められた行政法すなわち「令《りょう》」のなかに見えるものである。

大経は礼記、春秋左氏伝。中経は毛詩、周礼、儀礼。小経は周易、尚書。以上各おのを一経と為す。孝経は孔安国《こうあんこく》と鄭玄《じょうげん》の注を、論語は鄭玄と何晏《かあん》の注を、学者兼習せよ。

九　菅原道真

更にまた中国の政治哲学の理想を、血肉として理解し得たのは、よりおくれての菅原道真ではなかったか。これは私の想像であるけれども、学者の家から出た彼が、あえて政治家として立とうとしたのは、中国の政治哲学のとなえる賢人政治の理想に、もとづくのではなかったか。またこの理想は、中国自体では、単に理想にとどまらず、道真のすこし前の唐の中ごろから、ある形で実践にうつされていた。たとえば道真の漢詩文が模範とした白居易、すなわち白楽天が、教養人なる故に、国務大臣の地位にある高官に任命されていたというような、彼の土の新しい政治の形態が、道真の脳裏にちらつくことは、なかったか。あえて私の想像をしるして、国史家の教えを待つ。なお白居易を手本とした道真の詩は、なかなかに立派である。それはこれまでの「懐風藻」その他の詩が、唐人めかした心情を唐人の言葉で歌おうとしたのに対し、自己の心情そのままを歌った漢詩として、さいしょのものであるかも知れない。

なお道真の説として有名な「和魂漢才」という語は、次のような形で、「菅家遺誡」に見える。原文は漢文であるが、訳せば、まずいう、

凡そ世を治むる道は、神国の玄妙を以って之れを治めんと欲するも、其の法は密にし

て、其の用は之れを充《み》たすに難し。故に夏殷周三代の正経と、魯聖《ろせい》の約書と、平素より之れを簪《かんざ》し之れを冠し、服膺《ふくよう》して当《まさ》に其の堺界にまで至るべし。

すなわち政治の方法は、神国すなわち祖国の伝統によるべきであるけれども、それは玄妙すなわち神秘的であって、その充分な実施はなかなかむずかしい。だから三代の正経、というのは儒家の古典である「五経」、また「魯聖」とは孔子であり、その約書とは、「論語」であるが、それらを、頭にのっけるヘアピンや帽子のように、平常からわがものにし、細微な点まで研究する必要がある、というのである。

そうして国学すなわち国立大学の学問の心がまえとして、

凡そ国学の要するところ、論は古今に渉《わた》り、天と人とを究むることを欲すと雖《いえど》も、其の和魂漢才に非ざる自《よ》りは、其の閫奥《こんおう》を闚《うかが》う能《あた》わじ。

古今とは歴史の現実、天とは自然の法則、人とは人間の法則である。それらをきわめるのが、政治の前提としての学問の目的であるが、それは「和魂漢才」にして、はじめて目的を達成するというのである。この文章は一見、「和魂」すなわち日本的精神の方を重視するように見えるが、何度も読みかえすと、むしろ重点は「漢才」の尊重にあるように、読めて来る。「神国の玄妙」というのは、なかなか含蓄のある言葉であって、日本の伝統のよさと、その神秘性、非合理性へのおそれとを、あわせいう言葉として読める。そうして、せっかく日本に伝えられた儒家の古典の合理主義、それははじめて輸入されてから彼の時代に至るまですでに何百年かたっており、しかも何百年かの間、ただ文章の表面をなでまわすにとどまったのであるが、それを今や政治の実践として役立てるべき時期であると、彼が抱負していた、という風に読むことは、この文章の読み方としては、困難でない。ただ彼の思想の全体系、また彼の時代の歴史の全貌を、私は知らないので、やはり記して専家の教えをまつ。

一〇　受容の中だるみ

過去の日本人の中国への関心、それはいつの時代でも、平均して強烈であったのではないことは、これからのべる平安中期から鎌倉へかけての状態が、それを示す。

延喜元年、九〇一年における、菅原道真の失脚は、中国では唐の昭宗の天復年間のことであるが、それがより大きな事がらの象徴であったかのごとく、日本人の中国文明に対する関心は、そのころからさいしょの下降期にはいる。平安朝の中期、また末期が、それである。中国の古典は、明経道、紀伝道の博士によって伝承され、文学は、唐以前の美文のアンソロジー「文選《もんぜん》」が読まれたけれども、ただ文献の表面をなでまわすだけであった。やや立ち入って読まれたのは、白居易すなわち白楽天の全集である「白氏文集《はくしもんじゅう》」だけである。漢文を作る力も、道真以後はだんだん低下する。もっとも、宇治の悪左府《あくさふ》藤原頼長のように、当時中国ではじめて盛んになった印刷の本に興味をよせ、高い値で、古典の注釈の摺本《すりほん》をとりよせ、家に伝わる従来の写本ととりかえて読んだことを、その日記「台記《たいき》」に記すようなハイカラな熱心家もいた。頼長とその政敵の信西《しんぜい》とは、おそらく平安末期のもっともよく中国の書を読む人であったろう。

この時期が、中国文明への関心の低下と反比例して、物語その他、かなの文学の開花期であったことは、大へん興味ある事がらである。

一一　中国新文明の受容

平安の次の鎌倉期、それも中国の文明に対する関心のうすさは、平安末期の延長であったように見える。ただ元寇によって、やむを得ざる軍事的な関心があったのみのように見える。そうして法然、日蓮、親鸞を開祖とする日本的新仏教が、この時期におこったのは、中国文明への関心のうすさと反比例した又一つの現象のように見える。そうして鎌倉人の漢文は、それらの祖師たちをもふくめて、下手である。しかしそこには、一つの胎動があった。それは中国の新文明への関心である。

中国の新文明とは、十一二世紀の宋、つまり平安朝の末から鎌倉のはじめの中国では、より多くの市民が政治と文化に参与し得るようになったのを契機として、その文明に一つの変革がおこった。仏教の世界では禅の盛行である。またより大きなこととして、儒学の世界では、十一世紀末の程子《ていし》兄弟、十二世紀末の朱子《しゆし》が、儒学の教説を再編成し、より求心的な、同時により平易な体系に整理し直し、それが人人の間に普及したことである。また文学の世界では、十一世紀末の蘇東坡《そとうば》、黄山谷《こうざんこく》が、より現実的な、より生活に密着した詩を作り出したことである。それはそれ以前の中国と、それ以後の中国とを別つ大きな画期であって、この変革を経た中国の新しい文明は、おなじく一種の新時代である鎌倉人、公家から武家へと政権がうつったという意味で新しい時代である鎌倉人の、関心をひきうべきものである。たとい歴史の変化のし方は、日本と中国とで、形を同じくしなかったとしてもである。

関心と、関心にもとづく接近とは、果して示されている。関心は、禅へのそれである。また接近は、彼我の僧人の往来というもっとも直接な方法で行われている。十二世紀末における栄西の入宋、ついで十三世紀初における道元の入宋ばかりではない。日本僧の中国への求法の旅は、頻繁であった。また日本に来た中国の僧として蘭渓道隆《らんけいどうりゆう》は北条時頼の、無学祖元《むがくそげん》は北条時宗の、一山一寧《いっさんいちねい》は北条貞時の厚遇を、十三世紀の後半に受けた。また一般の中国の書籍を蒐集した文庫として、武蔵の金沢文庫が、北条実時によって開かれたのも、そのころであった。

一二　五山の禅僧

こうした中国の新文明に対する関心接近は、次の足利期には、一そう拡大される。そのにない手は、僧侶であったが、関心は、もはや禅のみにとどまらない。程子朱子ら宋儒の新哲学、蘇東坡、黄山谷ら宋の新文学へもひろまった。後醍醐天皇が、その宮廷で玄慧《げんえ》法印を講師として、宋の朱子による経書の新しい注を講じさせたのが、宋人の新儒学が日本に紹介されたはじめであり、北畠親房の「神皇正統記」もその影響の下にあるとするいいつたえは、いまひとつたしかでないらしいが、中国の新合理主義が、そのころから、僧徒を通じてだんだん日本の新しい価値となりはじめたことは、うたがいない。

　また足利期を通じ、学問の中心は、五山の禅僧にあったが、かれらは禅学の大家であると共に、蘇東坡、黄山谷ら、宋代の新詩風の祖述を、しごととした。いわゆる五山文学であるが、彼等の祖述は大へん立派であって、ことにその初期の虎関師錬《こかんしれん》、中巌円月《ちゅうがんえんげつ》、義堂周信《ぎどうしゅうしん》、絶海中津《ぜっかいちゅうしん》などの漢詩文は、日本人が中国の言語をもって文学を作りだして以来、もっとも活潑なものであり、且つ文法的にはもとより、情緒的にも全く中国人とおなじであること、たとえば近ごろ朱謙之《しゅけんし》氏の「日本的朱子学」〔三聯書店、一九五八年〕にも、五山禅僧の作る所の詩は、幾《ほと》んど中華本土の作る所と異なる無し、と賞揚する通りである。これは彼等のおおむねが、入明の僧であり、実際にむこうの土地をふんだことが関係していよう。

　且つ彼等の著述の体裁を見ると、一つのことを感じる。その著述の体裁が、当時の中国、すなわち元《げん》や明《みん》の文化人の著述と、全くおなじ体裁をとっていることであって、これは日本人が、中国人と同じ土俵の上で、対等の能力をきそおうとし、またきそい得るようになったことを示している。それはまたいいかえれば、中国は彼等にとって完全な価値であり、したがって、完全な中国人になること、それが彼等の目標であったということを、示す。虎関師錬の「済北集」には、中国の文学史を漢文で批評した「詩話」の部分さえある。それはむこうでも高級の文化人の仕事である。また現在わが国における外国文学の研究者以上の仕事である。外国文学研究者は、現在の日本に大へん多い。論文はおおむね日本語で書かれている。虎関師錬のようにむこうの原語で評論を書いて、むこうの人人にむかって、正正の陣を張り、堂堂の旗を樹《た》てる人は、少ないように見うけられる。

しかしながらかく中国を価値の基準とする態度は、足利期では、まだ五山の禅僧だけのことであり、時代全体の風潮とはなっていない。また五山系統の漢文学も、末流になると、学力が低下したと見え、豊臣秀吉の朝鮮征伐のとき、こちらの外交文書は、秀吉の秘書である僧によって起草されたが、それはもはや中国人あるいは朝鮮人には、意味の通じにくい漢文であった。またむこうの文書もよく読めなかった。大明国王に封ぜられるつもりで一たん講和した秀吉が、「爾《なんじ》を封じて日本国王となす」という文書をもらい、烈火のごとく怒って再び出兵した手ちがいも、原因は秘書たちの不手ぎわにあったと、本居宣長は、「馭戎慨言《ぎょじゅうがいげん》」で、痛嘆している。

一三　江戸時代における受容の教育

次には日本の文明が、中国を価値とする態度が、もっとも高まった江戸時代に、説き及ぼう。

まず江戸時代の日本が、いかに中国を価値の基準としたかを、具体的に示す例のいくつかを、まずあげよう。第一は、中国の学問を講授する学校の数のおびただしさである。すなわち江戸時代のいわゆる諸侯は、それぞれみずからの藩に、大なり小なり学校をもっていた。その数は今日のいわゆる駅弁大学に匹敵し、その上に幕府直属の学校である江戸湯島の昌平坂学問所、あるいは昌平黌《こう》があった。

昌平黌をはじめ、これら全国の官立の学校では何を教えたか。すべて「四書五経」、すなわち中国の哲学の古典が、教課であった。あるいは少なくとも教課の中心であった。そうして、昌平黌その他、これら学校の教官、あるいは教官のみならず学生には、中国人どうように中国の文献を読解する能力が要求された。ひとり読むだけではない、中国人どうように中国語による詩および文章を書き綴る能力が要求された。それだけに教官は、最上の待遇を受け、あるいは行政官のかしらである家老以上であることもあった。今日の大学教授よりも地位は高かったわけであるが、その講ずるものは、すべて中国の哲学であった。あるいは中国の文学であった。

また学校は国立の昌平黌、および藩立の諸校だけではない。町の儒者がそれぞれ学校をもっていた。たとえば伊藤仁斎が京都の東堀川出水《でみず》にひらいた古義堂は、門弟千人をこえ、武士では大石良雄がふくまれていた。またやや不確実であるが町人では井原西鶴も、その中にいたという。且つその学校は、仁斎の子孫によって明治の初年までもり伝えられ、西園寺公望を最後の聴講者の一人とした。また大阪の懐徳堂は、専ら町人のための私塾であった。古義堂と懐徳堂、それは今日の関西でいえば、同志社大学、立命館大学の地位であった。江戸にもむろん早稲田、慶應、その他の私立大学に比定さるべきものが、いくつかあった。ところでそれら私立学校の教課も、みな中国という外国の学問であることは、同じであった。

一四　江戸時代における外国書の輸入と覆刻

次に、これら公私立学校にそなえつける蔵書として、またその教授および学生の読書として、あるいは学校に関係のない一般市民の読書として、輸入された中国書籍の量は、莫大であった。今日でも日本は、外国書をもっとも多く買う国であるが、それは江戸時代からすでにそうであって、清朝の何かの随筆に、諸夷狄《いてき》のうち日本もっともよく中国の書を購《あがな》う、という条があるのを読んだ記憶がある。いま何の書であるかを思い出さない。

購入の筆頭は、江戸幕府およびその直轄大学である昌平黌であった。今日それをひきついだ宮内庁書陵部および内閣文庫は、世界有数の中国書の宝庫となっている。幕府につかえた学者たちは、必要とみとめた書物を、金にいとめをつけずに長崎経由で注文したらしく、たとえば新井白石は、六代将軍家宣の顧問であったとき、家宣の能楽ずきを諫言する資料として、中国の脚本集をとりよせさせたことを、「折たく柴の記」と「俳優考」に記している。幕府以外、大名たちのなかにも書物ずきがなかなか多く、たとえば加賀百万石の藩主前田綱紀の尨大《ぼうだい》な蒐集は、今日も尊経閣文庫と名づけられて、駒場の前田元侯爵家にあり、われわれ研究者に大いに役立っている。綱紀は役人を長崎に特派し、「唐本」を満載した船が長崎に入港すると、船ごと買いとらせたと、伝えられる。また豊後の佐伯の藩主毛利高標《たかすえ》は、一万石の小藩主であったが、中国の書籍を好むこと甚だしく、のちその収蔵は幕府に献上され、今日それをひきついだ宮内庁書陵部の蔵書の有力な一部分となっているほどである。私はかつて佐伯市をおとずれ、その書物奉行であった旧藩臣の家で、彼と書物奉行との往復書簡を見せてもらったが、彼は中国の新刊消息に甚だ敏感であり、新しい書物がむこうで出たと知ると、すぐ購入を命じている。今日、九州の小都市の市長が、ポール・ヴァレリ、T・S・エリオットの新刊にしょっちゅう気をつけ、それらをすぐ市立図書館へ購入させることは、困難であろうが、それを毛利高標は、一万石の小名でありながら、やっていた。なおこうした事態の恩恵は、今日にも及んでいるのであって、われわれ中国文学者は、資料的にはあまり不便を感じないこと、西洋文学者と、ことなっている。たとえばシェイクスピアの全集、ゲーテの全集が、日本では何種見られるか、疑問であるが、中国文学については、杜甫なり李白なり蘇東坡の全集の、おおかたのエディションを、宮内庁書陵部、内閣文庫をはじめ、日本中の図書館を走りまわれば、大たい見られる。べつに中国まで出かけて行く必要はない。あるいは儒学の古典である「五経」や、文学でいえば白楽天の全集の場合のように、中国よりもむしろ資料が豊富であることさえある。もしまたそうしたとびはなれた珍本でなく、二三百年前の中国のエディションならば、すこし気を長くして待つことにより、江戸時代の大名なり学者なり市民なりの旧蔵書が、まわりまわって、その辺の古本屋にあらわれ、貧書生への需要をもみたす。こうした事態が見られるのは、西洋の書物が明治以来せいぜい百年たらずの輸入の歴史しかもたぬに比し、中国書は何百年かの輸入の堆積をもつからであるが、堆積の中心となるのは、江戸時代三百年の大量な購入なのである。

次に、江戸時代は、このように中国の書物を大量に購入するばかりでなく、中国書の日本版すなわち「和刻本」を大量に作った。それはある意味で覆刻であり、ある意味で翻訳である。覆刻というのは、漢字の部分は、もとの中国書そのままであるからである。また翻訳というのは、その九十パアセントが、句読訓点オクリガナをつけているからである。そのきっかけは、幕府の創始者家康が、「孔子家語」「貞観政要」「群書治要」「武経七書」などを活字で印行し、後陽成天皇の「孝経」、後水尾天皇の「長恨歌」その他が、それに呼応したことにあるが、元禄以後は京、大阪、江戸の営利出版が、増大しゆく需要に応じた。また末期には、幕府の大学である昌平黌のユニヴァーシティ・プレスの出版として、いわゆる「官版」が約二百種、それと並行して各大名経営の大学の刊行がまた何百種、その他商業出版刊行のものに至っては、かぞえきれぬ。その総数はおそらく一万種に達するであろう。またその範囲は、中国の哲学書、史学書、文学書はもとより、「水滸伝」のような小説、「肉蒲団《にくぶとん》」のようなエロ本、「板橋雑記《はんきょうざつき》」のような彼の土の芸者評判記、「笑林広記《しょうりんこうき》」のような小噺集にまで及んでいる。今日の各文庫が翻訳する西洋書よりも、広い範囲に及んでいると感ぜられる。少なくとも中国の基本的書物で、和刻すなわち覆刻のないものはない。「四書五経」はいうまでもない。「二十四史」も、半分以上は和刻がある。また「楚辞」「文選」はいうまでもない。陶淵明をはじめとして、重要な詩人の全集も、みな和刻がある。なおこれら和刻本のうち、前後三百年を通じてのベスト・セラーは、宋の朱子の「四書集注《ししょしっちゅう》」と、明の李攀竜《りはんりょう》の「唐詩選」であったと思われる。それは本を読む人間のいる家であるかぎり、どの武士の家、どの町人の家にもあり、どの浮世草紙、黄表紙よりも、発行部数は多かったであろう。またもうひとつ末期のベスト・セラーをあげるならば、これは中国の書の覆刻でなく、日本人自身の書いた漢文の書であるけれども、頼山陽の「日本外史」であった。

かく江戸時代では、中国の書物が、洪水のように読まれ、したがって輸入され、覆刻された。そうして中国系の学問が、その時代の学問の王座にいた。それはもはや足利期のように僧侶だけのものではなく、また儒者と呼ばれたその専門家だけのものでなく、ひろく武士の、また町人の、教養として、一般に普遍したのである。

一五 家康の政策

このような徳川期における中国系学問の洪水のような普及、そのそもそものきっかけは、徳川家康がその政権を創始するにあたり、中国の学問、ことに宋以後の新哲学、術語でいえば「朱子学」を、みずからの政権の国教として採用したことにあるといわれる。

家康から百年ばかりのちの人であり、徳川中期の学者である山縣周南の「為学初問」に

は、家康の功績をたたえていう、

扨《さて》も神祖（すなわち家康）は、聖智にてまし〳〵けん。御一生の事業、天下を治め給ひつる事は、凡慮の及ぶ所に非ず。先づ我等が学者の目を以ていへば、其の御時代は、干戈《かんか》弓馬《きゅうば》の事の外は、猿楽、茶の湯、放逸の事のみこそはやりつれ。誰人か文学儒道に心を寄すべき。惺窩《せいか》先生などありつれど、誰問ふ人もなかりし。

つまり家康が秀吉の下に雌伏していた時代、その時代の事象といえば、すべて戦争、やや文化的な事象ならば、せいぜいが、秀吉の好んだ能、茶の湯の類であって、藤原惺窩のようなまじめな学者もいたのに、誰も注意しなかったというのである。しかるに家康は、

其の中に、羅山先生を招き給ふて親近し給ひ、金地院伝長老などいふ物識りをめさせ給ひ、軍中召し供せられしとかや。常に書籍を重んじ給ひ、異国本朝の古書、経伝、子史、記録等を集め給ひ、江戸の御文庫にも送り給ひぬ。

羅山とは、家康の学問の顧問となった林羅山である。また家康は学問を興す前提として、書物、ことに主としては中国書の蒐集につとめた。そのあつめた書物は、現在の宮内庁書陵部の蔵書の一つの基礎となり、また名古屋市立蓬左《ほうさ》文庫の重要な構成要素となっている。ま

た家康が、江戸期の中国書籍の覆刻のさきがけをもなしたことは既に説いた。ところで、山縣の「為学初問」には、それら家康好文の事実をのべた上、いう、

げにも天下を保ち給ふべき王者の御器量にて在《まし》ます。其の御験《しるし》にや、天下の大法悉《ことごと》く図に当り、今百年に踰《こ》ゆれども、国体のつり合ひよく、磐石の固めあり。学問日に開けて、君臣父子五倫の正しきこと、前古に越えたり。中華、朝鮮も及ばず。

つまり家康の政策「図に当り」、完全な平和国家となっているというのである。家康の後継者たちも、家康の方針に忠実であった。五代の綱吉、八代の吉宗は、ことに好学の君主としてきこえる。

一六　藤原惺窩

しかし江戸時代における中国系学問の盛行は、家康の政策、およびそれを継承した幕府の政策のみによるものでは、もとよりない。より大きな原因は、そのころの日本人が、人間いかに生きるべきかを、より真剣に考え出し、新しい価値の基準を求めて、それを中国の文明に見いだしたことにあるとしなければならぬ。

まずさいしょに求められたのは、朱子学をそのまま輸入することであり、それは藤原惺窩

にはじまる。

朱子学は、前にもいったように、足利期から、僧侶によって講ぜられて来た。しかし朱子学が僧侶によって講ぜられるのは、矛盾であった。何となれば朱子学は、一種の合理主義であって、超自然の存在をみとめない。したがって仏教を、超自然の存在に身をささげるものとして、排撃するのが、その中国における本来であった。足利期のように僧侶がそれを講じるのは、矛盾である。

この矛盾に気づいたのが惺窩であって、惺窩は、僧侶でなくして朱子学を講じたさいしょの人である。また朱子学を奉ずるがゆえに、僧侶となることを拒絶したさいしょの人である。

惺窩の講学は、家康が朱子学に国教的地位を与えるに先だって行われている。そうしてその朱子学は、初歩的な素樸《そぼく》なものであった。たとえば、道徳性と欲望との関係につき、まず人間の道徳性が、先天的なものであることを、説いていう、

明徳とは、天より分かれ来て、我が心となりて、いかにも明かにして、一つもよこしまなること〻ろなく、天道にかなふたるものを、明徳といふなり。

またこの道徳性を、極度に具現した人間的実在として、聖人というものがあることを説いて、

天より生れつきたるごとく、この明徳を明かにみがきたてたる人を、聖人といふなり。

ところでまた人間には、邪悪な欲望が、後天的なものとしてあることを説いて、

又、人間と生れ来てより後に、人欲といふものあり。欲心ふかく、見る事聞く事にまよふものをいふなり。

そうしてこの「人欲」は、先天的な道徳性と、矛盾の関係にあることを説いて、

此の人欲さかむになれば、明徳おとろへて、かたちは人にして、心はとりけだものに一つになるなり。

またそのことを比喩して、

たとへば明徳は、鏡の明かなるが如し。人欲は鏡のくもりなり。

そこで、人間の道徳的生活とは、

日々夜々に此の明徳の鏡をみがかざれば、人欲の塵つもりて、本心を失ふ。明徳と人欲とは、敵味方なり。一方かけては、一方は必ずまくるものなり。

この素樸な天理人欲論は、のちの学者からすぐ反撥されるものであるが、宋以後の中国の新儒学の理論を、僧侶ならぬ人が、祖述したさいしょであった。

そうしてそれは中国の教えなる故に価値ありとする意識が、惺窩にあったことは、惺窩が学問研究のために、明へ渡ろうとしたことで、示される。ただしその旅行は途中で舟が難破し、薩摩に漂着したため、目的をはたさなかったが、薩摩で、五山の僧が和訓をつけた朱子の「四書集注」を手に入れ、それが惺窩の学問の方向を決定する契機となったという。

一七　林羅山

かく惺窩によってとなえられた朱子学が、家康によって国教的地位を与えられるのであるが、家康およびその政府の文教顧問となったのは、惺窩の弟子である林道春すなわち林羅山である。

羅山は精力的な博学者であり、当時よみ得るかぎりの中国書の全部を読破したといわれる。数年前、私が大ざっぱに彼の全集を読んだ印象では、そのいいつたえは、事実であると思う。つまり羅山は単に朱子学のみならず、他のいろいろの面にむかっても、価値の基準を中国にもとめることを、大規模に創始したのである。なお彼は、いわゆる「道春点」の「四書」をはじめ、多くの中国書に訓点をつけ、翻訳者としても、甚だ有能であった。ただ彼の漢文は、あまりたくみでない。啓蒙期の人としてはやむを得ぬことであった。

一八 朱舜水その他

またそのころ中国では、あだかも一六六四年、明《みん》と清《しん》と王朝が交代した時期であり、明の遺民のうち、新しい清の朝廷の圧迫をさけて、日本に亡命したものがあったことも、一そう中国への接近をたすけた。

禅僧では隠元である。彼は徳川家光の厚遇をうけ、その援助で宇治に萬福寺を立てたが、その建築が、純粋に中国風であろうとするのは、物質生活でも、価値の基準が中国におかれはじめたことを示す。

また儒者では、朱舜水である。彼は徳川光圀の厚遇をうけた。そうして舜水の指導のもとに、光圀の「大日本史」編集のしごとがおこり、のち明治までその事業がつづいたことは、舜水が日本にのこした事迹《じせき》の中心であるが、彼はその他いろいろの面でも、当時の日本人、すなわち気持ちの上では、中国への憧憬をふかめつつも、実際の交通は幕府の政策によって禁止されていた当時の日本人を、いよいよ中国に近づけるのに、貢献したようである。

一つは日本人の中国語学力への寄与である。すなわち、当時の日本人は、中国の書物をいよいよ広い範囲にわたって読もうとしながら、なかなか難解で、読めぬものがあった。博学な羅山さえも、朝鮮の使節にきわめて初歩的なことを質問したりしている。舜水の来朝は、これらの不便を解消したと思われる。これは舜水に関することでなく、やはりそのころ亡命して来た別の一人の中国人、陳元贇《ちんげんぴん》に関することであるが、陳は当時の翻訳家、つまり和刻本に訓点をつける人物として有名であった鵜飼石斎と友人であった。おそらく陳の援助によるのであろう、石斎の訓点は、大へん正確である。たとえば宋以後の散文の模範となった唐の韓愈と柳宗元の文集についていえば、その訓点をつけない「白文」だけの覆刻本は、早く足利のはじめ、義満のころ、福建から帰化した雕師《ほりし》兪良甫《ゆりょうほ》が、嵯峨で覆刻した本ができていたけれども、それをちゃんと読むことはなかなか困難であったに相違ない。ところがこのころ、そのはじめての訓点本が、石斎によって出版されているが、大へん正確であり、今でも学生に推奨するに足りる。陳元贇の直接あるいは間接の助力によるものと想像する。それから推して舜水の場合も、おなじような寄与を、日本人の中国語学力にむかってしたと思われる。もっとも舜水について中国語をもとの発音で習うまでの熱心さは、そのころの学者にはまだなかった。それをやったのは安《あ》積《さか》澹泊《たんぱく》ら少数者であり、舜水とおおむねの日本人との交渉は、筆談によったらしい。

また舜水は、中国のこまごました物質生活を紹介することによっても、中国への接近をのぞむ日本人の気持ちを満足させた。「舜水朱氏談綺」という書物がある。舜水が大明国の衣食住について語るのを、日本人の弟子が、こまごまと、絵入りで筆記した本である。

なおいささか余談になるが、私はかつてこの「舜水朱氏談綺」を、ある若い中国人の留学生に示したところ、その留学生は、なぜそのころの日本人は、こんな本を作ったのでしょうと、けげんな顔をした。そのとき私は、過去の日本人にとって、中国は天国として憧憬されたのであり、この書物も、天国の消息を伝えるものとしてあることを、説明した。このことが示すように、過去の日本人が、中国に憧憬し、いかに中国の研究に熱心であったかは、おおむねの中国人によって知られていない。私のもう一つの経験を語れば、私がアメリカに行って、中国文学の講演をしたとき、聴衆である中国の紳士から、あなたは今までの日本人が全く無知であった分野への新しい開拓者であるという讃辞をうけ、面くらったことが、一度ならずある。これらは閑話に似て、閑話でないのであって、過去の日本人が、いかに中国の理解者たらんとして努力したかという歴史、それは将来の日中の関係を正しくするために、もっと徹底的に中国の人人に知らすべきことがらである。

ついでに閑話に似て閑話でない閑話を、もう一つ語れば、朱舜水に反感をいだく者のなかには、彼はえらそうな学者づらをしているけれども、実際は、むこうのたばこ屋か何かであると、かげ口をきくものがあったという記載を、何かで読んだ記憶がある。ところでこの話も閑話でない閑話の要素をふくむ。すなわち当時の中国にはすでにインドのカストのような身分制度はなかった。たばこ屋にかぎらぬ、何か商店の主人が同時に学者であり官吏であることは、何等不思議でなく、むしろ普通のことであった。しかるに日本では、士、農、工、商と、職業を世襲し、身分制度のもっとも厳密な時代であった。

いかに中国への憧憬を高まらせつつあっても、中国の社会制度をまねることは困難であり、また理解も困難であったことを、この挿話は示す。ただそれを何の書で読んだかを思い出さぬのが残念である。

一九　伊藤仁斎　その一

惺窩、家康、羅山、舜水によって点火された中国系学問への熱情は、四代将軍家綱、五代将軍綱吉の時代、つまり徳川幕府がはじまって半世紀左右の時代に至って、いよいよ高まる。

それは主として伊藤仁斎（一六二七―一七〇五年）の出現によってである。

仁斎は、のちの本居宣長と共に、江戸時代におけるもっとも独創的な学者であると、私は考える。京都堀川の材木屋のむすこ、また近ごろのある学者の説によれば、材木屋ではなく、何か商家の子として生まれた彼は、子供のころから学問を好み、はじめは朱子学をおさめ、ついで仏家の説をたずねたが、さきに惺窩の言葉をかりて紹介したような、「天理人欲」の哲学に、だんだん疑問を感ずるようになった。そうして朱子その他宋儒による孔子解釈を捨て、孔子の哲学をその原典について、丁寧に検討した結果、天から与えられた「理」

が、人間の「欲」によってくもらされるという哲学は、宋以後の儒者の臆説であって、孔子の真意であると信ずるものを、文献学的証拠をもととのえて、論証した。そうして彼自身が孔子の真の本体でないことを、新しい学説としてうち立てた。その手続が科学的な誠実さをもっていたことは、すでに五十年の平和を経て、真の学問を欲求し出した人人を、信服させるに足りた。事実また彼が論証したところは、後にものべるように、百年ばかりのちの中国の学者が独立に論証したところと、符節を合する。それに加えて彼の人格の立派さ、というよりも偉大さは、ひろい範囲の人人をも信服させた。かくて孔子の教えは、一そう日本に普遍することとなった。

仁斎の著書は、「論語」の注を彼自身の説によって書き直した「論語古義」その他であるが、いまみずからの学説の概論として書いた「童子問」によって、大要をひろおう。

第一は「人は活物」であり、活動を本体とする積極的な存在であるとする主張である。そうして宋儒がいうように、「人欲」を制止することによって、「天理」の静かさを保ち得るというような、消極的な存在ではないとする。彼はいう、人類はじまって以来、一ばんえらい人、それは孔子である。そうしてその言行を記録した「論語」は、「最上至極宇宙第一の書」である。しかしいかに「論語」を読んで見ても、宋以後の儒者が盛んに口にするような天理とか人欲とかいう言葉は、出てこない。またそもそも、人欲を絶滅して本性に立ちかえるといった思想はない。

では孔子本来の考えはどうか。彼はいう、天地はそもそも一大活物である。本質としてあるものは生であり、死ではない。また聚であって散でない。いいかえれば、動であって静でなく、善であって悪でない。それが古代中国人の本来の考えであり、また真理である。

天地の間、皆な一理のみ。動有りて静無く、善有りて悪無し。蓋《けだ》し静なる者は動の止まるのみ。悪なる者は善の変ぜしのみ。

いかにこの世が、生命と活動にみちているかは、次のことによって考えよ。

凡《およ》そ生くる者は、動かざる能《あた》わず。惟《た》だ死者にして、而《しか》る後に其の真に静かなるを見る也。其の生くるや、昼は動きて夜は静かなるも、然《しか》れども熟睡の中と雖《いえど》も、夢無き能わず。鼻息の呼吸に及びては、昼夜の別無し。手足頭面は、覚えずして自《お》のずから動揺す。是れ皆な其の動ける処なり。

人間ばかりではない。自然を見よ。

之れを天地に験するに、亦《ま》た益ます信《まこと》に然り。日月星辰は、東に昇《のぼ》りて西に没し、昼夜旋転して、一息の停機無し。日月相い推して、而して明《ひか》り生ず。寒と暑と相い推して、而して歳成る。天地も日月も、皆な斯《こ》の気に乗りて行かざるはなし。走馬燈（まわりあんどん）のごとく然り。（走馬燈の）兵卒と輿馬は、火気に随いて、往来駆逐し、旋《めぐ》りて已《や》まざる也。

また

流水の物為《た》るや、昼夜に亙《わた》りて舎《や》まず。草木の生有るや、隆《さか》んなる冬と雖も、亦た花有り。皆な動有りて静無しと為す也。

仏者が「空」をとなえ、山川大地は尽《ことごと》く是れ幻妄というのは、うそである。また老子が「虚」をとなえ、万物は皆な無より生ず、というのも、うそである。そうして、かく生生してやまぬのが、宇宙の本体であるゆえに、

善有りて悪無きことも、亦た然り。

と結論し、人間が善の方向にむかうのは、生命にみちた世界のなかにいるからであり、宋儒のいうような「天理」の賦与のためではないとする。また欲望は、生命の現れであって、それは培養さるべきものであり、宋儒のいうように、鏡についたほこりとして、除去すべきものでない。また朱子は、昔は完全に「天理」の支配する世の中であったのに、今は完全に

「人欲」の世の中であるとなげくが、これこそ非人道きわまる言葉である。

第二は、宋儒のおちいりやすい理想論、抽象論、それらへの反論としてある実証主義である。仁斎はいう、禅家は頓悟《とんご》ということをいう。儒者のなかにも、一旦にして豁然《かつぜん》としてさとりを開いた、というものがある。しかしそうしたことはあり得ない。水はたしかに水っぽく、塩はたしかにからい。しかし水っぽさという味は、水をのんで見てはじめてわかり、からさという味は、塩をなめて見てはじめてわかる。水も塩もなめずにあげつらう水っぽさ、からさ、それらはきっと「虚見」であり、ほんとうの水っぽさ、からさ、でない。禅と宋儒の説は、そのようなものである。

かく実証を尊ぶ結果は、当然に博学をとうとび、ひろい読書による実証を、思索の前提とする。仁斎はいう、この世の中に完全無欠な本というものはない。と同時に、完全にでためな本というものもない。それは宋儒の書をもふくめてそうである。あるいは小説や戯作をもふくめてそうである。ただし博学と多学はちがう。博学とは、たとえば根ある樹のごとくであって、根からして幹、そして枝、そして葉、そして花や実と、繁茂稠密《はんもちゆうみつ》して、算《かぞ》え数う可からざるであるけれども、然れども一気流注して、底《いた》らざる所無く、いよいよ長じていよいよ已《や》まざるものである。それに反して多学は、造花のようなもので、枝葉花実が、ぎっりならび、きらびやかに見事だけれども、乾燥枯槁《かんそうここう》して、長養を受けつけず、限り有りて増す無きものである。前者は生であり、後者は死である。

ところでその博学主義は、宋儒の抽象論、理想論に対する別の反撥として、常識の尊重という面を、一方では強くもっていた。彼はいう、博学は必要である。しかしもっとも注意せねばならぬことは、常識的に見える説こそ、一ばん道理をもっている。「論語」の説くところは、すべて日常的な常識であり、奇怪な説を含まない。さればこそ「最上至極宇宙第一の書」なのである。それに反し、おもしろそうな説、すなわち仏家の説、老荘の説などは、正しい説でない。このことは、仁斎がその学問の中心として、力説するところであって、「童子問」のあちこちに見える。

次には、抽象論によって生まれる厳粛主義、教条主義への反対である。厳粛主義は、中国における朱子学がすでに部分としてもつものであるが、当時の日本の儒者のなかにも、のちに説く山崎闇斎のように、それを武士道にむすびつけて、一そう強化しようとするものがあった。仁斎は、それを宋学の一大欠点として、強く反対した。いわく、宋儒が「理」ということをいいたててから、すべてのことが空泛《くうはん》な「理」の字で判断されるようになった。なるほど天下に理外の物はない。しかし一の「理」の字を以って天下の事を断ずる結果は、善を善とし悪を悪として、一毫《いちごう》も仮借せず、己れを持すること甚だ堅く、人を責むること甚だ深きこととなった。朱子が、時の天子である宋の孝宗《こうそう》にむかい、何よりも「心を正し意を誠に」しなさいと、いったのも、そうした態度の現れであって、弟子に教訓するならともかく、それを君主にすぐぶっつけるのは、ばかな所業である。むしろ君主の心得としては、民心の帰趨を察し、それと好悪を同じくすべきことをこそ進言すべきであった。

またいう、生命を君主のために犠牲にしたものが、普通忠臣といわれるが、それは瞬間の道義であり、難《かた》きに似て実はやさしい。じっと忍耐して、君主に道徳と善行をすすめ行わせるものこそ、真の忠臣であり、易《やす》きに似て実は難しい。更にまた、文をよしとし武を非とする次の発言を、武家全盛の当時の世の中において、仁斎がしたことは、おそらく相当の胆力を要したと思われる。

文、其の武に勝《まさ》れば、則ち国の祚修《いのちなが》し。武、其の文に勝れば、則ち国の脈蹙《ちぢ》まる。賞、其の罰に勝てば、則ち刑罰清くして民の心安く、罰、其の賞に勝てば、則ち刑罰乱れて民の心揺らぐ。

以上のような学説を、仁斎は、堀川の自宅、すなわち「古義堂」において、講じた。そうして公卿、武士、町人にわたって、直接の聴講者を広汎にもったばかりでなく、その学風は、一世を風靡した。五人の男の子は、長男東涯をはじめ、みな秀才であったことも、一そうその信用を高めた。子供たちの中には、大名の招聘を受け、藩の学校の教授となったものもあるけれども、仁斎および長男の東涯は、どこの藩立大学から、教授あるいは学長として招聘されても、頑として応じなかった。しかも仁斎が、その時代における学問の第一人者であることは、人人のうたがわぬところであった。その漢文も、はなはだすぐれ、これまで啓蒙期の学者の漢文の、おさなさ、たどたどしさを、一掃した。羅山の漢文とくらべると、隔世の感がある。ひとりそれまでの漢文と比較してそうであるばかりでなく、私の読んだ範囲では、日本人の書いた漢文の、第一流に位する。元禄時代は、芭蕉、西鶴、近松と文豪を出した。しかしもう一人の文豪として、彼もまた言及さるべきである。

彼は風采も堂堂として、身分としては一市民でありながら、大納言以上の貫禄に見えたという。彼の生活は苦しく、年末の餅代がないと夫人がなげくと、そっと羽織をぬいで渡したという美談が、「先哲叢談」に見え、漢文の教科書にものっている。そのころの彼はそうであったろうが、晩年の彼は、第一人者たるにふさわしい生活を、彼の哲学からいっても、拒否しなかったであろうと想像する。

二〇　伊藤仁斎 その二——付 山崎闇斎

以上説いて来たような仁斎の学問は、惺窩、羅山の紹介する朱子学によって、合理主義的精神に目ざめた日本人が、よりよき合理主義を求めたものと解すべきである。しかしそれ自身の形としては、あくまでも孔子本来の考えはこうである、つまりこれこそ「古義」であるという形をとり、古代中国の精神の再認識という形をとった。それが仁斎のごとき信望ある学者によって説かれたということは、いよいよ価値の基準を、せまくしては孔子へ、ひろくしては中国におくことを、有力にした。もっともそれは中国の教えである故に尊いとは説かれず、普遍妥当なものである故に尊いということが、丁寧に注意されてもいる。仁斎の忠実な祖述者であった長男の東涯が、父の学説の解説書として書いた「訓幼字義」にいう、聖人の道は、上古の事、異国の風にして、今日日本の俗にはかなはずとおもふ人あり。

しかしそうではない。宇宙に内在するものであり、人間に内在するものである。

道といふものは、本聖人の心思智慧を以て、こしらへ設けられたるものに非ず、天地自然の道なり。何ぞなれば、あまたの人あつまりをる中には、おのづから夫婦あり、父子あり、兄弟あり、朋友ありて、その内に、理非を正し養をたのむ人なければかなはざるによりて、又おのづから君長の道あり。これにしたがふものは臣民なり。

だから、それは中国に妥当するのみならず、どこにも普遍に妥当する。

これは漢土九州の内ばかりかくのごとくなるにあらず。四方の国々、文字言語の相通ぜざるところも、たれはじむるともなしに、おのづから此道あらずといふことなし。

西洋諸国にさえも、普遍に妥当するであろう。

今時、西夷南蛮、遠き海外の人ども、年々にわが国に来りあつまるをきくに、漢土の文字をもしらず、もとより尭舜周孔の名をもきくことなし。然るにその国々の酋長頭目の命令をうけて、同州のものども互に和睦して、交易往来するからは、君臣朋友の道ありとみえたり。父子のしたしみ、夫婦のよしみ、兄弟のつゐであること、亦おしてしるべし。

しかしけっきょくにおいて、漢土の学である面を、有力にもつことは、当然であった。以上のことをいった東涯は、父の哲学説の一種の祖述として、中国哲学史「古今学変」を書くと共に、中国法制史、中国言語史にも手をひろげ、父に劣らぬ博大な学者であったが、その学問を博大にした動機は、やはり中国への広汎な関心にある。

なお東涯の偉大さは、その著書が、われわれ今日の研究者にも役立つことによっても知られる。それは、他の江戸時代の学者の類似の著述が、おおむね歴史的価値をしかもたぬのと異っている。私はかつて彼の中国法制史の著「制度通」を校訂出版して、彼に対する敬意を新たにしたことがある。（岩波文庫〔全二巻、一九四四―一九四八年〕）

いまひとつぜひいっておきたいことがある。仁斎が、宋儒の抽象主義に対して一種の即物主義をとなえ、厳粛主義に対し寛容主義をとなえ、それによって古典の経書を解釈し直したのと符節を合するような主張が、中国では彼から百年ばかりおくれておこり、むこうの学界の主流となる。いわゆる清朝の「漢学」であって、戴震《たいしん》（一七二三―一七七七年）すなわち戴東原《とうげん》がその創始者であるが、戴震の主著「孟子字義疏証」には、仁斎の「童子問」と、言葉のはしばしまで似たものさえある。ところで仁斎は戴震より、ちょうど百年早く生まれ、百年早く活動している。これは日本人の秀才性を、遺憾なく示すものである。このことややくわしくは、私がかつて書いた文章「学問のかたち」〔本書所収〕を参照されたい。

なおそのころ、今一人の京都の大儒として、仁斎と並称されたのは、山崎闇斎（一六一八―一六八二年）である。その学風は仁斎とことなる。仁斎より九つ年上の闇斎は、堀川の西に塾を開き、堀川の東にある仁斎の塾と対峙し、その学風は厳格をもって鳴り、仁斎と対蹠的であった。また闇斎は晩年、神道に心をひかれ、いわゆる垂加神道をとなえた。私は闇斎の書物をくわしく読んだことがないので、たしかなことはいえないが、大たいは規範を中国に求めつつも、当時におけるもっとも日本主義的な学者であった。ところで闇斎の弟子の一人であり、おなじく厳格をもって鳴る浅見絅斎《あさみけいさい》には、もっぱら忠義の道徳を鼓吹するために「靖献遺言《せいけんいげん》」の著述があるが、材料はすべて中国の文献である。すなわち屈原の「懐沙の賦」、諸葛亮の「出師《すいし》の表」、陶淵明の「読史述」以下、明の方孝孺《ほうこうじゅ》の「絶命の辞」に至るまで、絅斎が忠臣義士とみとめた中国人の詩文を一篇ずつとり、解説を加えている。

はじめ絅斎は、楠正成その他、日本人を材料としようとしたけれども、資料の不足のため、中国人ばかりが選にはいることとなったという。しかし要するに、比較的日本主義的なこの学派においても、規範はやはり中国に求められやすかったことを示す。またこの書物の解説の部分を読むと、絅斎の読書の範囲は、なかなかにひろい。仁斎の学派ほどには博学をとうとばなかった闇斎の学派でも、中国書がいよいよ広範囲にわたって読まれつつあったことを示す。

二 荻生徂徠 その一

仁斎は、一七〇五、元禄の年号がつき、宝永と改元された二年、中国でいえば清の聖祖の康熙四十四年、七十九歳の高齢でなくなった。彼はその死の直前、未知の江戸の若い学者から、一通の手紙をうけとった。当代の学者と自分が思うのは、あなただけであるという、大へん熱っぽい文章であった。

嗚呼、茫茫たる海内、豪傑幾何《いくばく》ぞ。一つも心に当るもの無し。而して独り先生に嚮《むか》う。

ただし先生の書物の中にも、いくつか疑問に思われる個所がある。それに答えていただきたい、というのであった。

仁斎は、その時すでに健康がおとろえていたので、返事を書かずに死んだ。若い学者は、仁斎の返事が来ずじまいであったことに、腹を立て、仁斎の学問に、みずからの先駆者としての尊敬と恩恵を感じながらも、それに反撥することによって、学界にデビューした。

料金…

小石川…

1072…

差出有効期間
2023年 4 月 9
日まで
（切手不要）

ご購読ありがとうございました。今後の出版企…
ご意見、ご感想をお聞かせください。

（フリガナ）
ご住所　〒

（フリガナ）
お名前　生年(年…

電話番号　性別　1男…

ご職業

小社発行の以下のものをご希望の方は、お名前・ご住所をご記入ください。
・学術文庫出版目録　希望する・しない
・選書メチエ出版目録　希望する・しない

TY 000045-2103

① 神話から歴史へ　神話時代 夏王朝
宮本一夫　定価：本体1350円　10月刊

② 都市国家から中華へ　殷周 春秋戦国
平勢隆郎　定価：本体1500円　10月刊

③ ファーストエンペラーの遺産　秦漢帝国
和幸　定価：本体1600円　10月刊

国志の世界　後漢 三国時代
定価：本体1300円　11月刊

崩壊と拡大　魏晋南北朝
12月刊

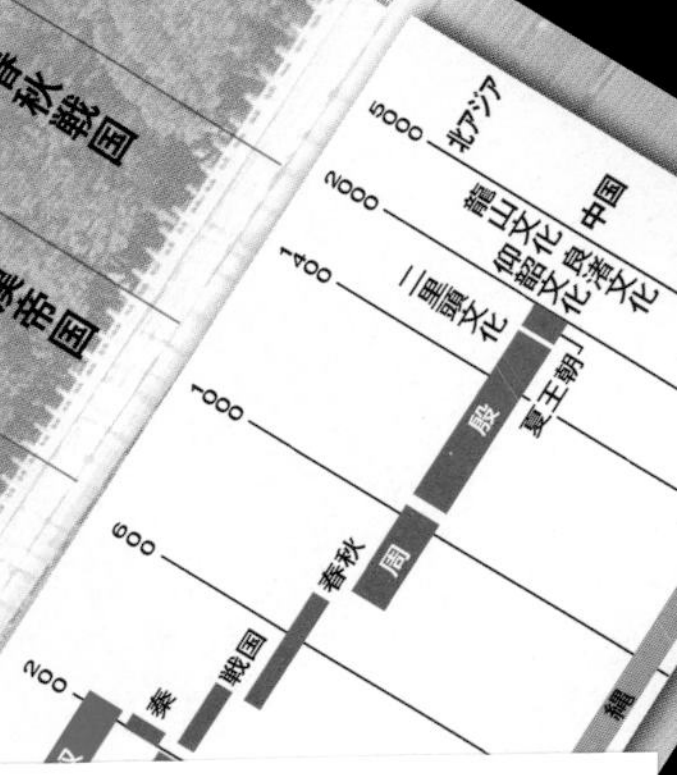

この全一二巻の特徴は、単に「中国通史」であるにとど
まらず、各巻の執筆者がそれぞれの問題意識を存分に
盛り込んだことにある。歴史学・考古学はもちろん、
政治学、文学、思想史などの研究者が、「中国とは何
か」という難問に様々な角度から迫った。「中国…
国」には、絶えず「小さな中国…
化を包み込んでいく歴史があった…
ない。「小さな中国」から始…
歴史を振り返った…
民族をめぐる問題…
見えてくるはず…

て　５ 人にすすめられて
)
)
」かせください。

後、出版を希望されるテーマ、著者、ジャンルなどがありました
らお教えください。

3．最近お読みになった本で、面白かったものをお教えください。

ご記入いただいた個人情報は上記目的以外には使用せず、適切に取り扱いいたします。

それが荻生徂徠（一六六六—一七二八年）である。そうして仁斎の次の時代、八代将軍吉宗のころ、享保時代、つまり仁斎の時代が十七世紀後半であったのに対し、これは十八世紀の初頭、また中国では仁斎の活動は清の順治と康熙の前半であるのに対し、これは康熙の後半と雍正、そのころの日本の学問をになう選手となる。彼は海内の第一人者と自負し、ただ仁斎の子の伊藤東涯（一六七〇—一七三六年）が、京都で父の学を祖述するのみが、彼の敵手であった。近代の学者の生卒に時間のスケールをあてはめれば、藤原惺窩は横井小楠《よこいしょうなん》ぐらい、林羅山は福沢諭吉ぐらい、伊藤仁斎は西田幾多郎ぐらい、徂徠と東涯とは、私あるいは私よりも若い学者の年輩となる。

荻生徂徠の学説も、堂堂たる体系をもつ。そうして、仁斎の学説よりも、一そう日本人を中国に接近させるものであった。彼は、文化の法則についての価値の基準、それは中国の古代のすぐれた為政者たち、すなわち「聖人」もしくは「先王」が作為したものの中にのみあり、そのほかにはない、と認めたからである。そうしてそれが彼の学説の根本となっているからである。

徂徠の主著は、その学説の概論である「弁道」「弁名」、および仁斎の「論語古義」に反撥して書いた「論語徴」である。いずれもむろん漢文で書かれているが、別に和文で書いた「徂徠先生答問書」がある。あちこちの大名、あるいは幕府の要人から、政治の要諦を問われたのに対し、返答として書いた形になっているが、その中からそれに関した条をひろえば、彼はまずいう、「道」とは、宋儒がいうように、あるいは仁斎さえもそういうように、天地自然に内在し、したがってまた人間に内在するものではない。中国古代の「先王」あるいは「聖人」によって、外から与えられたものである。

　　道は事物当行の理にても之れ無く、天地自然の道にても之れ無く、

そうして

　　聖人の建立成されたる道

である。それは

　　聖人の広大甚深なる知恵にて、人情物理にさかはぬ様に御立て候へば、無理なる事は毫髪《ごうはつ》も無之候へども、

しかし仁斎をもふくむ従来の説のように、

　　聖人出給はぬ以前より、天地に自然と備はり有之候道理にて、今日の人も我心に立帰り求め候へば、おのづから見え申候事と説き候は誤りにて候。

したがって、道徳の獲得は、ただ内省することによっては得られない。必ず学習されねばならない。学習の内容となるのは、「先王」たちが定めた「詩書礼楽」、それを孔子が整理してわれわれにのこす「六経」である。

　ところで徂徠の学説の更に重要な点は、以下にある。すなわちかく文化への掟である「六経」の内容は、哲学的というよりは、むしろ美的なものが中心である。それが重要なポイントであるが、このポイントを宋儒は理解しない。

　扨《さて》、聖人の教は、専ら礼楽にて、風雅《ふうが》文采《ぶんさい》なる物に候。心法理窟の沙汰は、曾《かつ》て無之事に候。宋儒以来、わざを捨て、理窟を先とし、風雅文采をはらひ捨て、野鄙《やひ》に罷成《まかりなり》候。

　ところでかく「風雅文采」な詩書礼楽を記載した「六経」を、徂徠が重視するということは、彼と仁斎との間に一つの差違を生む。

　道の内容に、美的な要素がふくまれているという主張、その点で仁斎と分れるというのではない。そのことは博学な仁斎がすでに気づいていたことであって、徂徠はそれを更に強調したにすぎないのであるが、「六経」を「論語」以上に尊重する点、そこが仁斎とちがう。すなわち仁斎は、孔子自身の言行録である「論語」を、「最上至極宇宙第一の書」とする。

そうして孔子以前の最も古い文献であり、孔子の生活の規範であったとされる「六経」は、古い器物のようなものであり、まことにけっこうなものであるけれども、実用的でないとした。ところが徂徠は孔子以前の文献である「六経」こそ規範であり、「論語」は二次的な書物とする。つまり仁斎は、孔子その人を規範とするのに対し、徂徠は、孔子の規範としたものを、孔子とおなじく規範とするのである。すこしずらしたたとえでいえば、「新約」よりも「旧約」の重視である。

これは結果として、仁斎よりも一そう広い範囲で、規範を中国におくこととなる。そればかりではない、なぜ「六経」はわれわれの生活の規範であるかという理由として、徂徠は、後進へのおしえとして学問の心得を書いた「学則」の開巻第一にいう、

東海は聖人を出ださず。

日本には文化の法則を設定する聖人は生まれなかったというのである。また

西海は聖人を出ださず。

西洋も同断である。聖人の出たのは中国のみである。したがって中国の聖人の設定した法則、それを記載した「六経」のみが唯一の規範だというのである。

これは当時においても大へん大胆な説であるが、ではなぜ、かく中国古代の「六経」を唯一の規範とするか。それに対し、徂徠は、もはや論理をもうけない。そうしてそれは信仰であるといっている。

愚老抔《など》が心は、只深く聖人を信じて、たとひかく有間敷事《あるまじきこと》と我心には思ふとも、聖人の道なれば定めて悪《あ》敷事《しきこと》にあるまじと思ひ取りて、是を行ふにて候。

あるいはまた、仏教のことを問われたのに対し、

愚老は釈迦をば信仰不仕《つかまつらず》候。聖人を信仰仕候。聖人の教に無之事に候得ば、たとひ輪廻と申す事有之候共、とんぢやくに不及《およばざる》儀と存候。

これは合理主義の根底には、論理を超越した不合理なものをふくむという思想である。そうしてのちの宣長の、日本の古典に対する態度を、ひらくものである。その詳論はここにはおくとして、要するに結果としては、中国文明への帰依を、一つの宗教的な態度として、一そう強固にするものである。

二二　荻生徂徠　その二――古文辞の説

更にまた、徂徠の学説の又一つの重要な部分として、中国との密接なむすびつきを、別の面から要求するのは、その言語重視の思想である。

それは精神のもっとも直接な反映は、言語であるとする思想である。したがって精神の理解は、言語と密着してなすことによってのみ、果されるとする思想である。しからば唯一の規範が中国古代の「六経」にのみありとする以上、中国の古代言語に充分に精通することが当然要求されるのであるが、精通の方法として徂徠がとなえたのは、自分も中国の古代人とおなじ形の言語生活に入ることであった。すなわち古典を読むばかりでなく、自分も古典の言葉で書き、考えること、それによってのみ中国古代言語の理解は可能であり、したがって「六経」の精神の把握が可能であるとする。

それが徂徠のいわゆる「古文辞」の説である。

まず徂徠は、言語が精神のもっとも直接な反映であることを、説いていう、

惣《すべ》て学問の道は、文章の外無之候。古人の道は書籍に有之候。書籍は文章に候。能く文章を会得して、書籍の儘《まま》済まし候て、我意を少しも雑《まじ》へ不申《もうさず》候得ば、古人の意は明に候。聖人の道は、聖人の教法に順《なら》はずして得べき様、曾て無之候。其教法は書籍に有之

候故、つまる所、是又文章に帰し申候。

まず規範とすべき書物の言語を、その本来の意味のままに理解するように努力すること、それが学問である。

ところで従来の儒者は、聖人の道を、そのように言語に密着してはとらえようとしなかった。そもそも彼等は、思想こそ根本、言語は末というあやまった態度の上に立ち、その態度から聖人の言語を恣意をもって解した。そのために種種の恣意的な誤解が生まれたという。

後世儒者、我物ずきを立候故、道徳は尊く文章は卑き事なりと思ひとり、文章を軽看致し候より、右の所に心付不申、右の所に心付不申候故、古聖人の教法見え分れ不申、我知見にて聖人の道を会得せんとする故、皆自己流に罷成候。

そうして徂徠はいう、わたしの方法はそうでない。「六経」の言語に密着して、聖人の道を知るのであるが、ところで、「六経」というものは、中国の書物であり、中国語である。

聖人と中候も唐人、経書と中候も唐人言葉にて候故、文字をよく会得不仕候ては、聖人の道は得難く候。

かく中国語であり、日本語でない以上、日本人の普通の常識では、もとより読めない。

文字は中華人の言語に候。日本の言語とは詞のたちはに替有之候事に候。

しかもそれは古代中国語であり、中国人でも宋以後の頭脳では解しにくいところが多多ある。

且又中華にても詞に古今の替有之候。宋儒の注解は、古言を失ひ候。古言は其時代の書籍にて推候得ば知れ申候。後世の注釈は違ひ多く候。

「朱子学」に対する徂徠の不信は、ここに科学的根拠がある。ところで古代中国語をよく読むには、前にいった理論からいって、ただ読むだけではいけない。自分でもその通りの言語でものを書いて見なければ、本当の精通は得られない。

文字を会得仕候事は、古の人の書を作り候ときの心持に成申さず候得ば、済申さざる儀故、詩文章を作り申さず候得ば、会得成り難き事多く御座候。

文章すなわち散文だけを作るのでなく、詩をも作らねばならぬとする点は、詩のような感

情的言語こそ、人間精神をもっともよく反映するとする態度が、ふくまれている。だからまたいう、

経書ばかり学び候人は、中々文字のこなれ御座無候故、道理あらく、こはくるしく御座候事にて候。

哲学書だけを読む哲学者の研究はだめだというのである。もっとも一方において、徂徠は、

但し六経は道にて候故、詞済み候ても、道の合点参らず候ては、済み申さず候。

と、保留もしている。そこでは言語研究は、哲学研究の最後ではないというのである。しかしそれは必須の部分である。ことに日本人にとってはそうである。

是に依り日本の学者には、詩文章殊に肝要なる事にて御座候。此方の和歌抔《など》も同趣に候共、何となく只風俗の女々しく候は、聖人なき国故と存候。

要するに徂徠の方法は、今日の事態にたとえていえば、もはや英語やドイツ語で書かれた

哲学の本は読まない。また英語やドイツ語で書かれたギリシア哲学の注釈書解説書は、あてにならぬから、読まない。読んでも大切にしない。ギリシア語そのもののみを読む。そうしてギリシア語をよりよく読むために、自分の文章もギリシア語でしか書かない。またギリシア語のリズムを知るために、ギリシア語の詩を作る。そうしてほんとうのギリシア哲学の精神を把握する。そうした方法であった。

こうした言語重視の思想、それも実は仁斎に発源する。仁斎の「古義学」は、中国の古代語を古代語本来の意味で読もうというのを、一つの基礎とするのであり、宋儒のやかましくいうような「理」とか「欲」という言葉は、「論語」その他にあまり出て来ず、出て来ても宋儒の理解するような意味でない、ということが、仁斎の学問の出発点であった。そうして「論語古義」を書くにあたっては、相当に中国古代語の使用例を調査し、それらからもとの意義を帰納しようとしている。また古文献の信用度についても敏感であり、普通に孔子と密接な関係にあるとされて来た「大学」を、その思想内容から見て「孔氏の遺書に非ず」といってしりぞけ、かくて「論語」のみを、「最上至極宇宙第一の書」としたのであるが、徂徠は仁斎のこの方向を一そうおしすすめて、仁斎の上に出ようとしたのである。

徂徠は、以上のような主張を、「古文辞」と呼んだ。そうしてそれは徂徠より百年ばかり前の、十六世紀後半、明《みん》の李攀竜《りはんりょう》、王世貞《おうせいてい》らが、となえた文学論の応用であるとした。明の文学における「古文辞」は、宋の蘇東坡以後の文学がときどきおちいる平板さに対する反動としてもっぱら唐以前の古代的な書物ばかりを読み、その言葉にそのまままねた詩と散文を書き、古代的な強烈さを復活しようという運動であった。それはそのころの中国を風靡したけれども、間もなく反対がおこり、徂徠のころの中国、つまり十七世紀、清のはじめのころのあちらでは、もはや時代おくれの主張であったが、徂徠は李王二人の書物を読んで、まず文学論としても共鳴した。それは徂徠によれば、天の恩恵であった。

不佞《ふねい》は、天の寵霊に藉《よ》りて、王李二家の書を得て読み、始めて古文辞なるもの有るを識《し》る。

ところで王世貞李攀竜は、それを叙述の文学の創作に応用したにすぎないが、徂徠は自身それを古典解釈に応用し拡張するのであると、安積澹泊に答うる書簡にいう、

ただ王李の心は、良史に在りて、六経に及ぶに遑《いとま》あらざりしも、不佞は乃ち諸《これ》を六経に用うるを、異なる有りと為す耳《のみ》。

ところで以上のような、徂徠の「古文辞」の方法は、いかに次の時代の日本の学問の選手であった本居宣長の国学の方法に類似することか。たとえば宣長が「まづ大かた人は、言《ことば》と事《わざ》と心《こころ》とそのさま大抵相かなひて似たる物にて、上代の人は上代のさま、中古の人は中古のさま、後世の人は後世のさま有て、おのおのそのいへる言と、なせる事と、思へる心と、相

かなひて似たる物を」といい、「後世にして、古の人の、思へる心、なせる事《わざ》をしりて、その世の有さまを、まさしくしるべきことは、古言古歌にあるなり」といい、「然るに世間の物学びする人々のやうすを見渡すに、主《むね》と道を学ぶ輩は、おほくはたゞ漢流の議論理窟にのみかかづらひて、歌などよむをば、たゞあだ事のやうに思ひすてて、歌集などはひらきて見ん物ともせず、かくのごとくにては、名のみの神道にて」といい、また作歌の必要を説いて、「すべて万づの事、他のうへにて思ふと、みづからの事にて思ふとは、浅深の異なるものにて」と、いずれも「初山踏《ういやまぶみ》」にいうのは、みな徂徠と符節を合する。宣長の方法が、徂徠の恩恵をうけていることは、宣長自身も断片的にいっているように、あきらかである。

ところでまた徂徠は、言語生活を、中国に接近させる方法として、当時としては大へん新しい方法をとった。すなわち中国の文章を、いわゆる訓読という方法で、日本語の語序と語法にかえて読む方法は、おそらく中国語がはじめて渡来した古代以来のものであり、徂徠のころもそれが普通の方法であったが、彼はそれにあきたらず、学問では彼の弟子であった長崎の岡島冠山につき、熱心に中国の現代語と現代音を学び、それによってすべての中国の文章を読み、彼の弟子たちにもその教育をした。そのことについての彼の著、「訓訳示蒙」にはいう、

今学者訳文ノ学ヲセント思ハヾ、悉《コトゴト》ク古ヨリ日本ニ習来ル和訓ト言フモノト、字ノ反リト言フモノヲ、破除スベシ。

また、

今時ノ和人、和訓ヲ常格ニ守リテ、和訓ニテ字義ヲ知ラントスルユヱ、一重ノ皮膜ヲ隔ツルナリ。

このことは、彼の言語重視の思想が、言語が感情の表現としてある面を重視し、感情の表現は音声的なリズムにあることを看破したことを物語る。その結果、彼の弟子たちは、「唐音」すなわち現代中国語会話の上手となった。数人の弟子たちが、湘南かどこかへ旅行したとき、通りかかった坊さんのいいぐさが気にくわなかったので、中国語で悪口をいいあったというのは、有名な挿話である。

以上のような徂徠の方法の実践として書かれたのが、彼の「論語」の注釈「論語徴」である。徂徠は、彼の方法によって「論語」を読み直した結果を、宋の朱子の注の不都合さはもとより、彼に先だって宋儒を排斥した仁斎の「論語古義」さえも、いくつかの誤謬をおかしているとし、仁斎への反撥をもふくめつつ書いたのが、この書である。いまそれを読んで見ると、いろいろ卓抜な説があって、彼の方法の成功を証するとともに、奇抜すぎる説、面白すぎる説もいろいろあって、彼の方法の行きすぎを思わせる点もある。具体的な例は、私の「論語」の注（朝日新聞社、中国古典選〔「論語」全二巻、一九五九―一九六三年、のち角川ソフィア文庫、二〇二〇年〕）に引用しておいたのを、参照されたい。

更にまた彼自身の漢文は、彼の「古文辞」の実践の業績であるべきものであるが、それはどうか。むろんなかなかに上手である。しかしある一派の評者のように江戸時代第一の文章とするには、ちゅうちょする。私はむしろ仁斎の方を上としたい。仁斎の漢文は自由を感じさせるに対し、彼の漢文は力みすぎて窮屈を感じさせる。思いあわせるのは、一つの挿話であって、「道」は「詩書礼楽」にありと主張する彼は、雅楽を一生けんめい勉強したが、がんらい音痴なので、もっぱら努力によって上達したという。彼の漢文にもそうしたところがある。

二三　荻生徂徠　その三——博学と寛容の主張

徂徠の学説について、なおいくつかのことを記そう。文化主義者である徂徠は、当然に主知主義者として博学をとうとび、また厳粛をしりぞけて寛容をよしとした。それらの点は、徂徠自身もみとめるように、仁斎の啓示によるものである。ただそれが徂徠では一そう延長され、拡大されている。そうしてそれらの主張も、中国的な思惟として提出されていることは、勿論である。

まず博学の必要について、徂徠は、「六経」を最上の規範としつつも、それだけではいけないという。

経書ばかりにては、国を治むるわざは参兼《まいりかね》候事も多く候間、見聞を広むる為には、経済の書をも御覧候事、学問にて候。学問は只広く何をもかをも取入置て、己が知見を広むる事にて御座候。

あるいはまた、

総じて学問は、飛耳長目《ひじちょうもく》の道と、荀子も申候。此国に居て、見ぬ異国の事をも承候は、耳に翼出来て飛行候ごとく、今の世に生れて、数千載の昔の事を、今目に見るごとく存候事は、長き目なりと申事に候。されば見聞広く事実に行きわたり候を、学問と申す事に候故、学問は歴史に極まり候事に候。

更にまた徂徠が厳粛をしりぞけて寛容をよしとする点は、仁斎からもっとも多くの啓示を受けたようである。徂徠が好んで引くのは、「人心の同じからざること、其の面の如し」という「春秋左氏伝」の言葉であって、つまり人間の生活は、その容貌がそれぞれに違うように、さまざまに分裂するというのである。それを定まった規範でしばるのは、無理である。

その無理を敢えてするものとして、徂徠がもっともきらうのは、道学先生であった。学問の心得をといた「学則」のさいごにはいう、故に学は、むしろ諸子百家曲芸の士たるを寧《ねが》ふも、道学先生たることを願はず。

そうして彼が道学先生の代表として意識した宋の朱子の、道学先生的な面をもっともよく現わすとされるその歴史批判の書、「通鑑綱目」を批評して、

通鑑綱目を見候へば、天下古今に一人も朱子の心に合申候人見え申さず候。皆々咎人にかき被成《なされ》候。

これは仁斎にもおなじ趣旨の言葉がある。また武士道的な厳粛主義も、徂徠の強く排斥するものである。あるひとから「武士道」はけっこうなものでないかと問われたのに対し、答えていう、何ごともつきつめてやれば、妥当な部分が生じる機会をもつ。だから武士道とても「道」の要素を全くもたぬとはいえぬ。しかしその本質は、源平のころから、

大抵勇を尚《たふと》び死をいとはず、恥を知り信を重んじ、むざときたなく候事を、男子のせざる事と立て候習はし、

なのであって、それが武家の政治が長くつづくと共に、

是によりて武威を以てひしぎつけ、何事も簡易径直なる筋を貴び候事を、武家の治めと立て、是れ吾が邦に古より伝はり候武道に候などと、文盲なるものゝ存候にて御座候。

また方法の価値は、それを実践した人間の行動によって、発見され決定されるが、いわゆる武士道を実践した人間に、大した人間はいない。

古の頼朝、尊氏、正成等より、近くは信玄、謙信に至るまで、其の人の賢否得失は明かなる事に候得ば、其道と致し候筋も押して知られ申候。

また自己を犠牲にして君主につかえること、これは仁斎においても価値を軽く見られたこと、既に説いたごとくであるが、徂徠の説は更に手きびしい。

御身は主君へ差上られ、無き物と思召され候由、是は今時はやり申候理窟に候得共、聖人の道に無之儀に候。

何となれば、

> 身を我身と存ぜられず候事は、妾婦の道にて候。

あなたは殿さまの妾ではないはずだ。また奴隷でもない。

> 臣は君の助にて、使ひものにては御座無候を、奴僕を使ふごとくに思召候上の過より起りて、聖人の道には背き申候事に候。

またあなたが殿さまのいいなりになっているとすれば、

> しかれば君一人にて候。臣ありても臣なきがごとくに候。

寛容の極、普通の儒者が異端としてきらう仏教をも、彼はある場合には許容した。ある要人が、両親が仏教を信仰するのを、神秘への誘惑に負けたものとして、さしとめようとしたのに対し、

> 御両親様、仏法御信仰に候を、御制当被成候由、伝へ承り候。日頃の御孝行とは相違なる御儀、以ての外なる次第と奉存《ぞんじたてまつり》候。

何となれば、隠居の老人というものは、性欲もおとろえ、外にすることのないものである。

声色の好みも薄くなり、年頃かたらひ候朋友も次第に少くなり、若き人はわが同士にあらず候。家事は子供に譲りぬれば、再びいろふべきにも無之、

つまり無聊《ぶりょう》に苦しんでいる。だから、

あるひは棋、象戯《しゃうぎ》、双六《すごろく》にても打ち、寺参り、談議参り、宿に候時は、念仏にても申候より外は、さりとては所作無之事にて候を、

禁止なさるとは何事ぞ。孔子も「論語」に、「博奕もやむに賢《まさ》れり」と、いうではないかと、それが中国の聖人の教えでもあることを、周到に引用した上、更にまた別の立場から、

僧も天下の民に候。

まして仏法も末の世には相応の利益も有之候。

と、いっている。

なおまたそもそも人に忠告をする、諫言をするというのは、がんらい大へんむずかしいことであり、常に効果があるとは限らぬ、として、「諫は大形《おおかた》は申さぬがよく御座候」とも、「答問書」ではのべている。

なぜ彼がここまで寛容主義を主張するのか。そこには、日本人のおちいりやすい厳粛主義を是正したいという気持ちがあったと思われる。早年の著である「蘐園随筆《けんえんずいひつ》」にはいう、

此の方《くに》の士大夫には、自《お》のずから一種の風習有りて、以って其の道と為す。大てい勇を尚《とうと》び、信義を尚《とうと》び、名を重んじて生を軽んず。其の人、聡明多くして、深遠含蓄の思い少し。狭中小量にして、斉整を喜び、便捷を喜び、簡潔を喜ぶ。繁文を悪《にく》みて、盛大従容の気象有ること鮮《すくな》し。是れ皆な士気風習の雑糅《ざつじゅう》して成る者、蓋し一朝一夕の故に非ざる也。学者は程朱の学に従事するも、而かも多く誤る所有る者は、亦た是の故に縁《よ》るのみ。

つまり日本人は短気であり、狭量であり、せっかちであるために、せっかく学問をしても、大ていはうまくゆかない。

故に学者能く仁を好むを以って先と為し、自《み》ずから礼楽の教えに得ば、則ち庶《こいねが》わく

は以って自《み》ずから流俗の中より抜きいづるもの有らん。

「仁」すなわち中国的な愛情と、「礼楽」すなわち中国的な「文化」による矯正が、必要だと、徂徠はいうのである。

これらの点から考えれば、徂徠があくまで中国を尊重するのは、祖国への寄与をねがえばこその所為であったと、解し得ないでない。祖国には乏しい文化的な精神と、おなじく乏しい合理主義、それを極端に輸入して、祖国へ寄与したいというのが、徂徠のねがいでなかったか。「東海は聖人を出ださず」とは、そうしたねがいから出た激語ではなかったか。

もっともすこしでも中国に近づきたいという願いは、いくつかのおかしなことをも生んでいる。たとえば彼自身が姓名を中国風に物茂卿《ぶつもけい》としたのをはじめ、弟子たちも、服部南郭が服南郭、安藤東野が藤東野、平野金華が平金華という風に、中国風の一字の姓を名のったが、物とか藤とかいう姓は、中国にないのであり、中国風であっても、本当の中国でない。その滑稽さは今日のペギー某、ジェームス某とおなじである。また彼が芝から品川へ引き越して、聖人の国へ一里だけ近くなったといって喜んだというのは、デマであろうが、彼をめぐって生まれそうなデマである。

更にまた孔子の像の賛に、徂徠が、

日本国夷人物茂卿、拝手稽首して謹しみて題す。

と署名したことは、国体をけがすものとして、明治年間の国粋論者から、多くの非難をこうむった事柄であるが、しかし一方また、徂徠は国粋論者のよろこびそうなことをも、いっている。彼は幕府の委嘱をうけてであろう、中国の刑法、もとの書名では「大明律」に、注釈を書いているが、そのタイトルは、大明の大の字をはぶき、単に「明律国字解」とした。且つその理由として「今日本ハ明朝ニ服従スル国ニモ非ズ」。「日本ニ於テハ大明ト云ベキ子細ナキ故、今刊行ノ本ニハ大ノ字ヲ除クナリ」。「日本ノコトヲ此方ニテハ大日本国ト云ヘドモ異国ヨリハ唯日本国ト許《バカ》リ云テ大ノ字ヲ加ヘタルタメシナキガ如シ」。かつまたこれは法律書の解釈であるから、一そうその点に慎重でなければならぬとし、「明律」の本文を引いて、「十悪ノ第三ニ謀叛ト云ハ、本国ヲ叛イテ異国ヘ従フコトヲ云フ。此ヲ十悪大罪ト定メタルコト刑書ノ掟ナレバ、今大ノ字ヲ除ク也」といっている。

二四　荻生徂徠　その四——日本の秀才

要するに徂徠の態度は、価値の基準を中国におくことを一般の風潮とした江戸時代のうちでも、もっとも極端なものである。

そうして彼の雄弁な理論と、該博な知識とは、人人を驚倒するに足りた。また幕府の顧問であるという政治的地位も手つだって、その学問は一世を風靡した。其角《きかく》か誰かの句に、

「梅が香や隣りは荻生惣右衛門」というのは、その社会的地位を物語っている。

また彼の「古文辞」の必須の部分として、漢詩を読み、作るいとなみは彼のその方面の高弟、服部南郭すなわち服南郭を中心として、当時の世の中の大勢力であった。「唐詩選」がベスト・セラーズとなるのは、このころからである。ひそかに思う、芭蕉によって元禄に栄えた俳諧が、次の天明の復興を待つまで、この時期を中衰の時期とするのは、武士町人の文学の精力が、漢詩の方におもむいてしまったからでないか。

ところで一生けんめいに中国に近づこうとした徂徠は、中国に近づこうとする意欲をもやせばもやすほど、またそれによって中国についての知識がませばますほど、当時の中国の社会と、当時の日本の社会との間にある距離を、感ずることはなかったか。さきに朱舜水の条でのべたように、たとえたばこ屋であるにしろ、役人にも学者にもなることが、中国では可能であったのに対し、日本はそうでなかったという距離である。

敏感な徂徠は、この距離を感じている。屈景山すなわち堀景山に答えた漢文の書簡にはいう、

且つ此の方《くに》の儒は、国家の政に与《あず》からず。終身、官を遷さず。贅《あま》れる旒《はた》の如く然り。豈《あ》に功を立て名を策し、其の父母を顕す願い有らんや。

この距離に徂徠はどう対処しようとしたか。「徂徠先生答問書」に見える次の言葉は、

士、農、工、商という言葉が、かすかながらも中国の古典に見えることをたよりにして、日本の現実を肯定しているように見える。

世界の惣体を、士農工商の四民に立候事も、古者聖人の御立候事にて、天地自然に四民有之候にては御座無く候。

しかしこの肯定は、やや苦しげにひびかないでない。

なお徂徠にも、仁斎とおなじ意味で、日本人の秀才性を示すものがある。彼の死んだのは、中国では清の雍正の時代であるから、彼のように古典を古典の本来の意味で読もうとする方法は、中国ではなおまだ有力でない。その点仁斎が中国の学者に先んずるばかりでなく、徂徠も中国の学者に先んずるのである。

また徂徠が古典を正しく読む方法として、テクスト・クリティクに着眼したのも、中国に先だつ。彼の弟子の山井鼎《やまのいかなえ》が、下野《しもつけ》の足利学校にある古写本古版本をおもな資料として、儒家の重要な古典のテクスト・クリティクを行ったのは、おそらく彼の示唆による。それは「七経孟子考文」と名づけて出版され、中国に輸出された。その後六七十年して、中国でもテクスト・クリティクの仕事が盛んになるのは、この山井の書の刺戟である。またやはり彼の弟子である根本遜志《ねもとそんし》は、中国では久しく失われ、日本にのみ伝わる「論語」の古い注釈、「論語義疏」を校訂出版し、それも中国に輸出されて、むこうの学者の珍重するところとなった。

このように、中国ではかえって早くほろび、日本にのみ遺存するという資料は、もしそのことに注意をむけるとすれば、われわれの周囲に相当ある。江戸時代の多くの儒者はそれに気づかなかったが、徂徠およびその一党が、それに気づいたのは、さすがである。ただし徂徠以前にも、それに気づいた人がなかったではない。たとえば林羅山は、足利学校の蔵書に注目し、流布本との校訂を行っている。ただ羅山のころには、その業績を中国に逆輸出するなど思いもよらなかったであろうが、徂徠の時代には、あえてそれをするほどの進歩と自信とを、日本人の中国研究は獲得していたのである。

二五　江戸末期における受容

徂徠は、江戸時代に於ける中国への関心の極点であると共に、その時代の中国系学問の上昇の極点でもあった。一七二八、享保十三年の正月、中国の紀年では清の世宗の雍正六年、六十三で徂徠がなくなったあと、一八六八、江戸幕府の滅亡にいたるまで、百五十年の時間は、日本の儒学にとって、下降の時期であったように思われる。といって、私はその歴史にほとんど無知である。かくれた人材は、いろいろとあるであろう。しかし仁斎や徂徠のように食欲をそそられる人物は、もはや儒学の世界にはいない。徂徠の次の時代の日本の学問の選手は、本居宣長であって、徂徠の死んだ翌翌年に生まれ、一八〇一、享和元年、清の仁宗の嘉慶六年になくなっているが、宣長ほどの人材が、もはや儒学者の中に求められないこと、これはたしかである。ことに寛政二年、一七九〇、中国では清の高宗の乾隆五十五年、松平定信の内閣が、朱子学のみを儒学の正統とみとめ、徂徠学その他を抑圧したことは、一そう儒学をいじけさせ、思想統制というものが、いつの世にももつ弊害を示すに充分である。もしそれ以後における人材を、儒学と関係ある世界にもとめるならば、頼山陽であろうか。山陽の「日本外史」は、この時期の漢文として、もっとも立派なものである。

しかし生気を失いつつも、幕府の官学である昌平黌をはじめ、各藩の学校、また京都の古義堂、大阪の懐徳堂、ないしは町のすみずみにもある有名無名の儒者の私塾で、講じつづけられるものが、中国の学問であることには、変りがなかった。そうして儒者たちは、徂徠ほどでなくとも、中国を基準とし、中国の文明にみずからを近づけようとする気持ちを、何がしか蔵することにも、変りはなかった。その結果、或いは日本のことはむしろ知らぬのをほこりとする儒者が多かったことは、本居宣長が、「玉かつま」の一の巻に指摘する通りである。

儒者に皇国の事をとふには、しらずといひて、恥とせず。から国の事をとふに、しらずといふをば、いたく恥と思ひて、しらぬことをも、しりがほにいひまぎらはす。こはよろづをからめかさむとするあまりに、其身をも漢人めかして、皇国をばよその国のごともてなさむとするなるべし。

但し、皇国の人に対《むか》ひては、さあらむも、から人めきてよかんめれど、もし漢国人のとひたらむには、我はそなたの国の事はよくしれゝども、わが国のことはしらずとは、さすがにえいひたらじをや。

もしさもいひたらむには、己が国の事をだにえしらぬ儒者の、いかでか人の国の事をばしるべきとて、手をうちて、いたくわらひつべし。

それはひとり学問ばかりではない。大雅《たいが》堂《どう》その他の南画、市河米庵《いちかわべいあん》、田能村竹田《たのむらちくでん》の書、基準はみな中国にあり、中国へ近づくことを理想とした。したがってきらわれるものは、日本的雰囲気の混入であった。不愉快な夾雑物《きょうざつぶつ》と感ぜられ、「和習」の名の下に排撃された。ある高慢ちきな文人が、誰の漢詩漢文を見ても、ないしは書画を見ても、これは和習だというので、ある男が腹を立て、では足下はいずくの国の人なりや、と開き直ったという話を、出所を忘れたが読んだことがある。こうした末梢的な中国崇拝は、江戸末期の頽廃的な空気の中では、学問がバック・ボーンを失うのと反比例して、増大したであろう。

しかもそれは、中国との交通は遮断され、実際の中国人との接触は完全に困難な状態においてであった。上田秋成の「胆大小心録」にはいう、

「唐人を二度見たことを年忘れ」といふ俳句があつたが、翁は二度見たが、三度は見る事のならぬ事じやさうな。十五さいの時と、三十さいぐらゐの時とじやあつた。唐人と

いふたれば、儒者が韓人じやといふてしかつた事じやあつた。

中国人を一生に二度見たということが、老人の自慢話になっていたというのであり、しかもそのいわゆる「唐人」とは、実は朝鮮人であったというのである。朝鮮人は、外交使節として来朝することがあったが、中国人に近い外国人として、日本の儒者たちの歓迎をうけ、各地を通過すると、儒者たちが旅館にかけつけて、詩文を贈答した。「胆大小心録」には、秋成もその贈答の仲間に加わった経験をのべていう、

大阪の御堂へちよと贈和に出た事があつた。秋月、竜淵といふ二人の外は、下郎じやあつた。ただ物をほしがる事じや。

また幕末の時代には、一般の市民をも中国に近づけるものがあった。中国小説の翻訳の盛行である。このことを述べた書としては、石崎又造氏に「近世日本に於ける支那俗語文学史」がある。(昭和十五年、弘文堂)それによれば、元禄のころから、「通俗三国志」「通俗漢楚軍談」の類が、ぼつぼつ刊行されているが、もっとも多く出たのは、幕末である。そうして貸本屋の必備の書物として、洪水のように読まれたことは、森鷗外が、その明治初年に及んだ余波を、小説「細木《ほそき》香以《こうい》」に記す通りである。上田秋成、滝沢馬琴は、そうした環境の中で、中国小説の影響を強度にうけつつ出た小説家であった。秋成の「雨月物語」は、中

国の短篇集である「醒世恒言《せいせいこうげん》」その他の影響によって、馬琴の「八犬伝」は、中国の長篇「水滸伝」の影響によって、というよりも、馬琴の場合はそれを基準として、生まれている。

二六　むすびと希望

以上のべて来たように、日本文明がその開始からもちつづけて来た中国文明への関心、それがもっとも高潮に達したのが、江戸時代である。その後に来た明治維新は、新しい世界情勢への目ざめにより、中国への関心という従来のスイッチを、西洋への関心という新しいスイッチへ切りかえるものであった。西周がそもそもは徂徠学であり、福沢諭吉がさいしょ治めた漢学が、伊藤家の学であったのは、事態の一つの象徴である。スイッチはきりかえられたけれども、外国文明への関心という電流は、はじめから流れ通っている。それが明治の情勢、ないしは今日の情勢をも容易に可能にしていることを、いなみがたい。今日の情勢の背後には、以上のような歴史のあること、それは人人の注意をおこたりがちな事柄であるゆえに、それへの注意を喚起したいのが、私のこの文章を書いた趣旨である。

むろん私のこの文章は、歴史の全貌、またその示唆する問題の、すべてを説いていないことを、私はみずから知っている。

まず第一に、過去の日本人は、すべての外国文明を、中国文明を受け入れるような態度で、受け入れて来たわけではない。中国文明に対する場合は、徂徠がもっともよい例であるように、生活態度の全体を中国に一致させようとする心情を、どこかにもっている。しかるに一方、インドの文明の受け入れ方は、中国を介しつつという事情がそこにはあるけれども、必ずしも生活態度をインド人に一致させようとはしなかった。以上の点で、ここに私ののべるところは、歴史のもっとも重要な面であっても、一面にすぎない。

次に、過去に於ける外国文明の受容は、中国文明に関する場合でも、往往そのままには受け入れられず、日本的変貌をしばしば示す。そのことについては、別に書いた「日本的歪曲」〔「新潮」第五十六巻第六号、一九五九年、のち「日本の心情」新潮社、一九六〇年所収〕という文章が、ややそれにふれる。その文章で説くところは、山崎闇斎の学派が示すように、より厳重な方向へ祖述されやすいということであったが、仁斎、徂徠などの寛容派は、また別の方向への歪曲を示している。ことに徂徠の寛容主義が、寛容であれ寛容であれと、その著述のいたるところで終始主張しつづけるのは、逆にまた一種の窮屈さを感じる。更にまた徂徠が「六経」への信頼を、さいごには宗教的信仰に帰結するのも、必ずしも中国的態度でない。

更にはまた、最も重要なことがらとして、かく外国文明への関心が鋭敏でありつづけることによって生まれる功罪の問題である。そのために自国の文明の歴史への関心が浅くなることは、マイナスとせねばならぬ。もっとも手近な経験として、私はこの文章を書くについて、参考書の不足に苦しんだ。

しかし過去の大たいについていえば、プラスの方が多かったと思われる。もし仁斎と徂徠の寛容主義がなければ、江戸時代はより多く殺伐な時代となり、現代の日本の基礎を作ることに、より少なくしか寄与しなかったであろう。

もしその点からいうならば、現代の日本の西洋受容は、なお中途半端かも知れない。西洋文明の根底にあるキリスト教の精神、それはトインビーによれば共産主義さえその一種の変形であるとするもの、それがまだ充分には受容されていないと見うけられる。

もしさいごに、一つの希望的観測を記すならば、異国の文明の存在に敏感であるという日本的態度、それは将来は日本以外の国国の態度ともなるのではないか。現在の世界に対立する二大勢力、それはアメリカとソヴィエトであるが、ともに混合文化の国である。受容の能力にとむゆえに、強大である。世界はだんだんどの国も、混合文化になってゆくのではないか。

そうした日のためにも、われわれはわれわれの従来の態度を変えなくてよいのではないか、私はそういう風に考えている。

一九五九年八月初稿、一九六〇年七月補筆

〔「日本文明に於ける受容と能動」、「日本文化研究」第七巻、新潮社、一九五九年、のち補筆・改題して「日本の心情」新潮社、一九六〇年所収〕

Ⅲ 江戸の学者たち

仁斎と徂徠――「論語古義」と「論語徴」

「論語徴集覧」という書物がある。荻生徂徠の弟子であった常陸の守山侯松平頼寛が、師徂徠の「論語」解釈の書である「論語徴」の前に、古注としては魏の何晏《かあん》の「集解《しっかい》」、新注としては宋の朱熹《しゅき》の「集注《しっちゅう》」、それと伊藤仁斎の「論語古義」と、つまり徂徠以前の「論語」解釈の書として重要なもの三つを、各条ごとに列記し、学者の比較に便にしたものである。寛延三年庚午、つまり西暦では一七五〇年、中国では乾隆十五年、春正月の日づけで、服部南郭が序文を書いている。毎巻の前には、「魏何晏集解、宋朱熹集注、大日本藤維楨古義、物茂卿徴、従四位侍従源頼寛輯」と署する。版心にある観濤閣《かんとうかく》の三字は、編集者頼寛の書斎の名であろう。頼寛は、水戸の支藩であるが、南郭の序によれば、師徂徠の歿後は、同門の平野金華を儒臣として招聘したという、好学の殿様であった。奥付には、宝暦十年庚辰九月、東都小川彦九郎、宇野勘左衛門、前川六左衛門と、書肆の名が記され、南郭の序文より十年のちの日づけである。もとより珍らしい本でもなんでもなく、どこにでもある本であるが、何晏、朱子、仁斎、徂徠と、「論語」のもっともおもな注釈、少くとも日本人にとってはそうである注釈を、一覧し得る点が大へん便利であるので、私は愛読、というよりもむしろ愛用している。

仁斎の「論語古義」と徂徠の「論語徴」とは、約半世紀をへだてて書かれており、それぞれの学者の主著であるが、二つの書物の根本的な態度は、おなじであると思われる。そもそも二家の哲学は、朱子その他の宋儒が天理と人欲《じんよく》とを対立させ、欲望の否定にかたむくのに、まっこうから反対し、欲望の肯定、感情の尊重を説き、生命の充実こそ人間の任務であるとする点で、一致するが、この一致は、孔子の言行録である「論語」の解釈においても、種種の一致として現れる。そうした一致の一つとして見られることは、仁斎も徂徠も、従来の解釈のように孔子を完全無欠の存在とは見ず、孔子もまた一個の人間であったと主張することである。

まず仁斎の「論語古義」についていえば、仁斎のそうした主張は、たとえば、「述而《じゅつじ》」篇の陳司敗章の解釈として現れている。すなわち「陳の司敗、昭公は礼を知れりやと問う」、で起こる章であって、まずその章の言葉の意味を説けば、次の如くである。

陳《ちん》の国の司敗《しはい》、すなわち司法長官の地位にあった大臣が、その国に来遊した孔子にむかい、あなたの国の先代のとのさま魯《ろ》の昭公《しょうこう》は、礼のおきてを心得た方であったという噂が高いが、果してそうか、という問いを発した。すると孔子は、しかり、礼の法則を心得た君主であったと答えたが、やがて孔子が退席すると、司法長官は、孔子の弟子の一人、巫馬期《ふばき》をさしまねいて、皮肉な質問をした。仲間ぼめをしないのが君子だというのに、きみの先生は仲間ぼめをするらしい。魯の昭公といえば、同姓の女性と結婚した君主である。姓を同じくするものどうしの結婚は、礼の禁忌《タブー》であるのに、昭公はそれを無視して、同姓の呉の国の姫君をめとり、しかもそれを隠そうとして、呉孟子《ごもうし》と、異姓めいた呼び名で、夫人を呼んだというではないか。かくのごとき君主にして、礼の法則にあかるいとすれば、礼儀をわきまえない人間なんて、この世の中にいないことになる。きみの先生の言葉はおかしい。

非難をあびた巫馬期は、そのことを師に告げた。

すると孔子はいった、わしは幸福だ。すこしでも過失をおかしたがさいご、きっと誰かが注意してくれるから。

――陳の司敗《しはい》問う、昭公《しょうこう》は礼を知りたまいしやと。孔子曰わく、礼を知りたまえりと。孔子退く。巫馬期《ふばき》を揖《いっ》し、之《こ》れを進《まね》いて曰わく、吾れ君子は党せずとこそ聞きしに、君子も亦《ま》た党するにや。君は呉より娶る。これ同姓となすに、之れを呉孟子《ごもうし》と謂えりき。君にして礼を知れりとせば、孰《たれ》か礼を知らざらんと。巫馬期、以って告ぐ。子曰わく、丘《きゅう》や幸なり、苟《いやし》くも過《あやま》ち有れば、人必ず之れを知ると。

ところで言葉の意味は上述のようであるこの章の、いま少し立ち入った解釈として、従来の注釈、というのはすなわち何晏の古注および朱子の新注であるが、その説くところはこうである。昭公が同姓の結婚という禁忌《タブー》をおかし、礼の法則をふみにじった君主であること、それを孔子はもとよりはじめから知っていた。ただ魯《ろ》という、みずからの故国の君主であるゆえに、遠慮して、「国の悪《あく》を諱《い》むは礼なり」という態度のもとに、相手の無遠慮な質問に対し、「礼を知りたまえり」と、あえて弁護したのである。したがって、弟子の注意をうけて、「丘や幸なり、苟くも過ち有れば、人必ず之れを知る」といったのも、決して本当に過失を犯したと思っているのではない。かく過失でないことを過失とみとめた点が、「聖人の道の弘さ」である、云云、というのが、何晏の古注の説であり、また朱子の新注の説である。

ところが、仁斎の「論語古義」は、以上のような旧説に、反対していう。もし旧説のようであれば、孔子はうそつきであったことになる。まっすぐな人間ではなかったことになる。それで聖人の心といえるか。是れ偽なる耳《のみ》。直に非ざる也。豈に聖人の心ならん乎《や》。

そうではない。昭公をもって「礼を知れり」といったさいしょの答えは、昭公という君子にはたしかに「礼を知る」としてよい面もあるため、その面だけを心にうかべての、不用意な答えであった。つまりそれはたしかに過ちであった。それを人から注意されると、すぐおだやかな言葉で自己の過ちをみとめたところが、えらいのである。其の詞気の雍容《ようよう》として、少しも圭角を露《あら》わさず、一たびの応接の間にして、衆《もろもろ》の善交《こも》ごも集まること此《か》くの若《ごと》し。盛徳の至りに非ずんば、豈に能く然らんや。

仁斎は、更にいう。では聖人といえども、過失をおかすことがあるのか。いわく、ある。聖人もまた過失をおかす。何となれば、聖人もまた人間であるからである。その証拠として、「論語」の祖述者である孟子の、「公孫丑《こうそんちゅう》」篇には、孔子にさきだつ聖人であった周公《しゅうこう》が、その兄の管叔《かんしゅく》を、やがて謀叛をたくらむ悪人とは知らずして、信任したのは、周公の過ちであったとしている。ただ君子の過ちは、日月の蝕の如く、過《あやま》てば人皆な之れを見、更《あらた》むれば人皆な之れを仰ぐにすぎない。このように聖人にも過ちのあることは、「論語」のもっともよき祖述者である孟子がみとめている。

それればかりではない、と仁斎は更にいう。自然にだって過失がある。日月の蝕、天災。人間に過失のあるのは、それとおなじである。聖人といえども、例外ではない。過失のない人間、もしそうしたものがあるとすれば、それは無生物とおなじである。無生物に変化はない。変化があればこそ人間である。いわんや聖人においてをや。

——夫《そ》れ日月も薄《うす》れ蝕することあり、五星も逆行することあり、四時も序を失えば、旱乾水溢《かんかんすいいつ》あり。しからば則ち天地と雖も、過ち無き能わざるを、況《いわ》んや人をや。聖人も亦た人なるのみ。其れ亦た何んぞ疑いを容《い》れん。倘《も》しくは木石と器物の若《ごと》く、一定不変ならば、これ則ち死物なるのみ。要するに貴ぶに足らず。故に道を知る者は過ち無きを貴しとせずして、能く改むるを貴しとす。聖人の道は、広きかな、大いなる哉。

おなじような説は、「里仁《りじん》」篇の、

——子曰わく、人の過ちや、各おの其の党《ともがら》に於いてす。過ちを観れば斯《ここ》に仁を知る矣。

という条でも、頭をのぞけている。

仁斎は、そこでも「孟子」を引いたうえ、次のごとくいう、

——蓋し聖人の、深く人の過ちを責めざる者《ゆえ》は、人には自ずから新《あらた》むる途《みち》有ればなり。而して（聖人の）過ちを悔いて自《み》ずから改むることは、則ち亦た夫《か》の人びとに猶《おな》じきが故なり。

ところで、かく孔子を完全無欠な存在とせず、孔子にも普通の人間とおなじ面があるのであり、さればこそ、その偉大さは一層偉大であるとする態度は、ひとり仁斎の「論語古義」のみならず、徂徠の「論語徴」にも共通したものである。

徂徠のその態度を最もよく示すのは、おなじく「述而」篇の、子は怪力乱神を語らず、という章の解釈である。

徂徠は、子不語怪力乱神という文章の、「語」の字に着目していう、「語」の字の本来の意味は、誨言《かいげん》、つまり教訓の言葉ということである。したがってこの条の意味も、孔子は、超自然的な事柄を、絶対にしゃべらなかったということではなく、弟子への教訓としては口にしなかったというにすぎない。何となれば、聖人もある意味では凡人である。気楽な茶ばなしとしては、おばけの話もしたに相違ない。聖人も何んぞ凡人に殊《こと》ならん。平日の閑談に

も、何んぞ嘗《か》つて一たびも之れに及ばざりしこと有らん。

ではなぜ、それらを「語しなかった」かといえば、怪異、勇力、悖乱《はいらん》の事は、先王の典の尚《とうと》ぶ所に非ざる故に、以って「語」と為さなかったのであり、また鬼神の道は微妙にして、人に喩《おし》うる所以《ゆえん》に非ざる故に、亦た以って「語」と為さなかったのである、云云。

要するに聖人もまた人なり、と説く点は、徂徠も仁斎と同じである。ひとりこの点ばかりではない。二人の学者の間における学説の一致は、他にもいろいろと見いだし得るはずである。

しかしながら、仁斎より四十年下であった徂徠は、仁斎の説をおとなしく祖述するばかりかといえば、決して決してそうではない。徂徠の「論語徴」という書物の、表面に泡だっているものは、むしろ仁斎に対するはげしい反撥である。この書物は、宋儒に対する批判としてよりも、仁斎の「論語古義」に対する批判を、動機として書かれた書物のごとく観察される。「仁斎先生」への反撥、それはほとんど各条にあらわれるのであり、右に引いた二条もまた例外ではない。

まず陳司敗の章については、聖人も亦た過ち有り、とする仁斎の説、それには徂徠も賛成していう、

――仁斎先生、此の章を論じて曰わく、聖人も亦た過ち有りと。此の言は孟子に本づくものにして、宋儒が一つの疵も存せずなどと謂う所のものの、比《たぐい》の若《ごと》きには非ずと謂

う可《べ》し。

しかし仁斎が、旧説を駁《ばく》して、もし過失でもないものを、過失といったとするなら、是れ偽のみ、直に非ず、というのには反撥していう、仁斎先生は、しばしば直、非直、ということをいうが、直とは小さな道徳であって、聖人を論ずる標準にはならぬ。礼を貴ばずして直を貴ぶは、小なるかな、と不満の意を表している。

またのちの怪力乱神の条については、語の字の意味を、正当に理解し得なかったのは、仁斎もまたそうであったとし、且つ仁斎は、この条を根拠として、はげしく神秘を排斥する。そうして、

——此れを以って之れを観れば、後世の礼を記せる書に、孔子の言と称して、鬼神妖異の事を説く者は、皆な附会の説なり。

と、「中庸」をはじめ、「礼記」のなかで鬼神に言及した個所を、仁斎は、真の孔子の言葉に非ずとして抹殺しようとするが、これもやはりこの章を、「子は怪と力と乱と神とを語《おし》えとせず」と読み得なかったところから発生した、誤解であるとする。

徂徠の仁斎に対するこうした反撥は、その学説の根本を共通にしながらも、両者の学説にはある差異があって、それに基づくものだと見るのが、徂徠に対する敬意であろう。仁斎が

かたく性善の説をとり、人間の自然をより多く尊重するに対し、徂徠は荀子の性悪の説の影響の下に、作為的な礼楽をより多く尊んだからである。

更にまたそこには多少の感情のもつれがあったとする説も、考慮されてよい。よく人が話柄とするように（たとえば井上哲次郎「日本古学派之哲学」）、仁斎のなくなる前の年、まだ意気盛んな若者であった徂徠が、意気をおさえ、謙遜に教えを乞うた手紙に対し、仁斎の返書がついに来ずじまいであったという行きちがい、それは徂徠の一生をつらぬく不愉快としてのこり、主知派であると共に主情派である徂徠は、この不愉快から、自己を脱却させることを欲しなかったようである。

或いはまた町人を基盤とする関西の儒学と、武家を基盤とする関東の儒学との、気風のちがいということも、自覚せざるものとして、作用しているかも知れぬ。仁斎の子、東涯は、自家の学風が関東にはむかないことを知っていたゆえに、終生、江戸の地をふまなかったという説を、何かで読んだ記憶がある。

何にしても、徂徠の「論語徴」の、仁斎の「論語古義」に対する反噬《はんぜい》は、日本近世学術史の上に於ける偉観である。そうしてかく反噬しつつも、徂徠の仁斎に対する究極の敬意は、おおいがたいものとして、看取される。

もし私の好みをやや気ままにいうならば、私のこのみはやはり依然として仁斎にある。

——子曰わく、民は由らしむ可し、知らしむ可からず。（泰伯）

儒家の政治説の独善性を示すものとして、よく問題になるこの章を、仁斎は次のように説く。君主は人民のためにその経由利用すべき文化施設を整備すべきだが、かくすることの恩恵を知れとおしつけてはならぬ。しかく恩にきせるのは、覇者の政であり、王者の政ではない、と。

仁斎のこの解釈は、徂徠がここぞと指摘するのを待つまでもなく、「論語」の解釈としては、誤解であると思われる。しかし「過ちを観て斯《ここ》に仁を知る」という見方に立てば、仁斎の人がら、又その思想のあたたかさを知るには充分である。

（一九五五年六月、「ビブリア」（のち「雷峰塔」筑摩書房、一九五六年所収））

伊藤仁斎

宇宙はひとつの原理によって支配されている。道とはこの原理を呼ぶことばである。不断の活動である。天を見よ。日は月は星辰は、昼も夜もめぐりめぐって、一刻もとどまらぬではないか。地の水を見よ。たえまなく流れているではないか。人間もこの活動の原理の外にあるものではない。飲み、食い、ものをいい、目は見、耳はきき、手足は動き、しばらくも停止しない。眠っている間にも、夢がある。呼吸がある。

宇宙の原理である道は、人間の日常の生活の中に、そのまま現れ、人間は知ると知らぬに拘らず、道の中にいるのである。人間の生活として現れるもののほかに、別に道というものがあるわけではない。「道の外に人はない」のであり、「人の外に道はない」のである。日常生活から飛びはなれた所に、道を求めようとするのは、間違いである。神を信ずるな。人間を信ぜよ。

人間の生活の日常の形として現れるものは何か。君臣であり、父子であり、夫婦であり、朋友である。要するに社会生活である。それこそ道が人間の生活に現れたものであって、社会生活は、人間の必然である。人間の任務は、この必然に参与し寄与することにある。社会生活への寄与、それはいいかえれば、他に対する愛の積極的な発動である。日月星辰の休みなきごとく、たえまなく愛を働かせることである。それが孔子のいう「仁」である。山や野に閉じこもって、ただひとり行いすますのは、人の道にはずれる。

孔子の教えは、元来以上のごとくであった。それを説いた書物が「論語」であって、「論語」こそは「最上至極宇宙第一の書」である。ただ後世の中国の学者は、おおむね孔子の真意を見失っている。私は多年の広範囲にわたる読書ときびしい思索ののちに、孔子の主張は、右のごとくであることを発見した。

西暦一六二七年、京都の商人の子として生まれた伊藤仁斎は、一七〇五年、七十九歳でなくなるまで、そうした学説を、じゅんじゅんと説きつづけた。彼の説には、歴史的客観的な証拠をそなえており、且つその積極的な主張にもかかわらず、人がらはいたっておだやかに篤実であった。そのため一世の信望をあつめ、肥後の細川侯その他諸大名からの招きは、ことわりつづけ、町の学者として一生を終ったけれども、門人の数は千をこえた。ややおくれて出た荻生徂徠と相ならんで、江戸時代儒学の二巨人である。古義堂と呼ばれるその私塾は、今も京都市上京区東堀川出水下るにそのまま保存され、父に劣らぬ偉人といわれたその長男伊藤東涯をはじめ、その子孫たちが、明治のころまで、講義をつづけた。肉親によき継承者を得た仁斎は、幸福な人といわねばならぬ。

しかし彼はこうもいっている。私の学説は、後世に至ってこそ理解されるであろうと。現代の日本人は、過去の日本の生んだこの積極主義者をそろそろ思い出してよい。仁斎の著述のうち、最もその学説の理解に役立つのは、「論語古義」と「童子問《どうじもん》」である。

（一九五〇年一月、「新制世界史」〔のち「中国と私」細川書店、一九五〇年所収〕）

古義堂文庫

上

私は古義堂文庫そのものについて書くならば、あまり適任者でない。ただこの文庫の旧蔵者であり、またこの文庫の蒐集を生む原動力となった伊藤仁斎父子の学問、それについては多少の知識をもっている。

伊藤仁斎は、日本思想史の上での巨星である。徳川時代の最も偉大な思想家として三人をあげよといわれるならば、伊藤仁斎、荻生徂徠、本居宣長、この三人の名をあげることに、私はちゅうちょせぬであろう。かつ仁斎は、三人のうちもっとも先輩である。また仁斎の五人のむすこも、みな立派な学者であった。ことに長男の伊藤東涯は立派である。古義堂とは、伊藤仁斎、東涯父子の学塾の名であり、古義堂文庫は、もとそこの蔵書としてあったのが、今は天理図書館に帰したのである。

伊藤仁斎は、後水尾天皇の寛永四年（一六二七）、三代将軍家光が将軍となった四年目、また彼の哲学は中国の古典を基礎とすることのちに述べるごとくであるから、中国の紀年をもしるせば、明の熹宗《きそう》の天啓七年であるが、その秋七月二十日の午の刻に、京都の東堀川近衛南の宅に生まれたと、長子東涯の書いた「先府君古学先生行状」に見える。

その家は商家であった。父は子供を商人に仕立てたかったであろうが、鋭敏で寡黙な子供であった仁斎は、十一歳のとき、「大学」の「治国平天下」の章を寺子屋で教わり、深い感動を受けた。そうして儒学、すなわち中国の古典を読み、それをもととして人間の生き方を考え、実践する学問を、生涯の事業とすることを決心した。

そのころ日本の儒学は、まだ草創期であり、藤原惺窩、林羅山などの、啓蒙的な業績はすでに提供されていたけれども、この鋭敏な青年の先生になりおおせる人物はいなかった。青年はもっぱら独学で、儒学の研究をすすめた。そのころの彼が、主として資料としたのは、十一世紀の二程子、十二世紀の朱子以降、比較的近い時代の中国の学者が、紀元前の中国の古典に対して下した解釈であった。青年は哲学への鋭敏さをもつとともに、語学の天才でもあったらしく、たとえば朱子との対話をその弟子たちが記録した「朱子語類」は、十二世紀中国の俗語で記されており、普通の漢文ではない。やや先輩の羅山には読めないものであったが、仁斎は直観と類推によって、それらをもすらすらと読んだ。あまり勉強した結果、二十八九の時には、心悸《しんき》の昂進になやまされた。そのため一そう外へ出ず、机のそばにばかりいて、更に十年をすごした。

親類たちには、一たい仁斎が何になるつもりなのか、分らなかった。一そうのこと医者になれといったが、仁斎は耳をかさなかった。家督も弟にゆずり、松下巷、というのはどこであるかを私は知らないが、そこの借家へ越し、あいかわらず漢籍ばかりを読んだ。またそのころには、仏教をも研究した。

寛文二年、仁斎三十六のとき、京都に地震があった。そのあとじまつをかねて、もとの家に帰ったが、そのころ一つの覚醒があった。すなわち今まで彼が一生けんめいに研究して来た十一、二世紀宋時代以後の中国人の古典解釈は、人間の認識として、おかしいところがある、ということである。かつ、朱子はじめ宋の学者たちは、その説を、中国の古代哲学の再建だとして説いているけれども、古代哲学そのものは、そうであったようでない。たとえば、宋の学者は、人間はその心を、明鏡止水のごとく静寂なものにせねばならぬというけれども、止まった水、たまり水、をたたえることは、孔子にも孟子にもないことである。孔子あるいは孟子が常にたたえるのは、流れゆく水である。それは不断の活動の象徴としてたたえられている。宋の学者たちの説は、意識的無意識的な歪曲であるのではないか。

いやたしかに歪曲である。そうした自信に完全に到達したのが、三十六歳のその年のことであったという。歪曲であると見さだめた以上、歪曲は是正されねばならない。古典を古典そのままの意味、つまり「古義」にかえさねばならない。「古義」によって古典をもう一度読み直さねばならない。注釈をみずからの手によって書き直さねばならない。

かくてさいしょに書かれたのが、「語孟字義」二巻であり、ついで「論語古義」十巻、「孟子古義」七巻、その他が、つぎつぎに書かれた。

彼がその京都東堀川の学塾を、みずから古義堂と名づけ、彼の学問が「古義学」と呼ばれるのは、そのためである。ひろく人間の指針であるべしと彼がした中国の古典、それをその原義において理解し、実践する、それが「古義」という言葉の意味である。

下

古典を、古典そのままの意味、すなわち彼のいわゆる「古義」によって読むことを主張する仁斎は、十一、二世紀以後の中国の学者の見解を、古典への歪曲としてしりぞけ是正するばかりでなく、ふつう古典として伝えられる書物についても、価値づけを行なった。最上の古典、それは「論語」である。何となればこの書物の内容となっているのは、すべて常識的日常的な言葉であるからである。すべて最上の真理は、常識的日常的なものの中にこそあるというのが、仁斎の哲学の重要な側面の一つであったのである。彼の「論語古義」の初稿は、「最上至極宇宙第一論語古義」と題されていたが、門人の忠告で、上にかぶせた八字をけずったと、以上のべて来た他の伝記的な事がらとともに、子の東涯の書いた「古学先生行状」に見える。いかにもいま天理図書館に蔵する「論語古義」の原稿の一つには、この八字がある。

「論語」のつぎに重んずるのは、「孟子」であり、「四書」の他の二つ、「大学」と「中庸」には、敬意を払わない。「大学」は、前にものべた通り、幼年の発憤の動機となった書物であるが、のちその論理があまりにも図式的であるところから、孔子の遺書に非ず、と断じた。

かくて「四書」ではなく、「二書」を根拠として主張されたその哲学の内容を、くわしく説くべき場所でこの文章はない。またそれについて、いくつかの断片的な文章を私はこれまでに書いた。はじめ雑誌「ビブリア」に書き、のち随筆集「雷峰塔」(筑摩書房刊〔一九五六年〕)におさめた「仁斎と徂徠」(本書所収)、その他であって、そのやや断片的でないものとしては、最近書いた「受容の歴史」(本書所収)の仁斎の部分などを見られたい。しかしここでもなお簡単にふれるとするならば、それは生命の哲学であるといえる。「語孟字義」の冒頭にはいう、

——天地の間は、一元気のみ。


活動こそ世界の本体である、というのである。その論証の手はじめとして、彼は次のごという。いま六枚の板をあわせて箱を作り、蓋で密閉するとしよう。その中には空気がみち、空気がみちれば、かびが生え、かびがはえれば、しみが生まれる。それが自然の理である。天地というのも、一つの大きな箱である、云云。

仁斎は宝永二年、一七〇五、中国では清の康熙四十四年、その三月十二日未の刻に、七十九でなくなった。あとをついだ長子伊藤東涯も父に劣らぬ学者であり、その学問については、天理図書館でかつてした講演を参照されたい。(「伊藤東涯」(本書所収))また日本人の

秀才性を示すものとして、かれら父子のように中国の古典を、古典そのものの意味で読もうとする学問は、中国では彼等におくれること百年にしておこることを、是非いい足しておかねばならない。

ところで仁斎東涯父子の学問は、ずっと明治の初年まで、二百年ほどのあいだ、その子孫たちにより、堀川の古義堂で講じつづけられた。また仁斎以下歴代の著書の原稿、およびその版木、および蔵書は、戦争の直前まで、子孫たちによってもり伝えられた。それらがすべて天理図書館にはいったのは、昭和十六年である。

したがってそこにまずあるのは、「最上至極宇宙第一」の八字をかぶせた「論語古義」をはじめ、おびただしい原稿類である。どの原稿も何度か書き直されている。仁斎あるいは東涯の学問の成長をあとづけるためには必須の資料である。またその塾は、公卿、武士、町人にわたって千人以上の聴講者をもった。門人帳は、江戸時代史の側面を語る有力な資料である。西園寺公望は、さいごの聴講者の一人であった。また伊藤家は、非公式に京都朝廷の顧問儒者であり、年号の選択などにあずかったかと想像される。そうした資料もあるであろう。

更にはまた歴世の著書の版木のうち、東涯の著書である、「制度通」「唐官鈔」「名物六帖」などは、かつての講演でものべたように、今の学者によっても利用されている。適当な機会にもう一度刷られることを希望する。

またその蔵書の中には、宋版の欧陽修の全集をはじめ、少からぬ稀本がある。しかもそれは仁斎と東涯の読んだ本である。ただおしいことに、一部分は、早い時期に外へ出たらしく、たとえば仁斎がその新しい読書力をほこった「朱子語類」などは、今この文庫にない。

書物は天理にうつったが、京都東堀川出水の古義堂には、今も当主伊藤重和氏が、母堂と共に祖先の遺宅を守って住んでいられる。史蹟に指定はされているが、やや荒廃している。また小倉山二尊院にある仁斎東涯以下歴代の墓も、このあいだ久しぶりにお参りしたら、だいぶ荒れていた。

仁斎の古義学、古代主義は、積極主義、またそれに伴う実証主義を内容とした。仁斎が出なければ徂徠は出ず、徂徠が出なければ宣長は出ず、宣長が出なければ諭吉は出なかったといって、ほぼよいであろう。今日のわれわれは、そうした先覚なくして、今日のわれわれであるわけではないのである。その書物が天理図書館の宝の一つとなっているのは、大へん結構である。家も墓もいますこし大事にされるならば、われわれの義務をよりよく果すこととなるであろう。


（一九五九年十二月六日、十三日、「天理時報」〈のち「学事詩事」筑摩書房、一九六〇年所収〉）

仁斎と小説

伊藤仁斎がその「童子問」のなかで、中国の儒学の古典である「詩」「書」「易」「春秋」の大旨を説いたのちに、

苟《いや》しくも其の理に通ずるときは、則ち野史《やし》稗説《はいせつ》を見ても、皆な至理《しり》有り、詞曲雑劇《しきょくざつげき》も、また妙道に通ぜん。学者唯だ道理を説くものの道理有ることを知りて、道理を説かざるものもまた道理有ることを知らず、鄙なる哉。

というのは、いかにも仁斎らしい博大な言葉であり、他の幾つかの言葉と共に、もし中国の儒流で、仁斎ほどの地位にある人ならば、あらわにそういい切ることを躊躇したであろうと考えられる言葉の一つであり、ポジティヴィスト仁斎の面目躍如たるものがあるが、ところで、私にとりいささか気にかかるのは、いうところの「野史稗説、詞曲雑劇」が、日本の小説なり戯曲をおもに意識してのことであったか、ないしはまた中国の戯曲小説をも、その意識に含めてのことであったか、ということである。

仁斎は寛永四年（一六二七）に生まれ、宝永二年（一七〇五）七十九でなくなっており、

西鶴、近松とは、同時代の人である。これらの人人の文学と、仁斎は没交渉ではなかった。その直接の資料は見いだされぬけれども、仁斎の長子東涯は、西鶴の「織留《おりどめ》」の「諸芸をたんれんする事」云云の一条をぬきがきして、弟の梅宇《ばいう》が福山から上京したみぎり、「夜のはなしの次手《ついで》に几辺《きへん》よりよこ切り紙にかきたるをとり出し給ひ、万事名の為、利の為にすることを西鶴すら叱れり」といって示したことは、梅宇の「見聞談叢」に見えている。（岩波文庫本、巻六〔一九四〇年〕）

東涯は紹述《しょうじゅつ》先生というそのおくりなの示すように、父の教えにきわめて柔順な学者であったこと、周知の如くである。おそらくこうしたものにも、注意を怠らぬようにというのが、父仁斎のむしろ積極的な教えであったであろう。またそうした同じ時代の浮世草紙、浄瑠璃ばかりでなく、古い軍記や謡曲に、仁斎が目をさらしていたことは、一層推測に容易である。

一方、唐土の戯曲小説を、仁斎はどれほど読んでいたか。これも東涯を媒介にして、資料を求めれば、東涯のあつめた中国近世俗語辞典「名物六帖」には、しばしば中国の俗語小説が資料として取られており、試みに研究室の花房英樹君にしらべてもらったところでは、「古今小説」「拍案驚奇《はくあんきょうき》」「竜図公案《りゅうとこうあん》」「珍珠衫《ちんしゅさん》」「西湖佳話《せいこかわ》」「水滸伝」「繡襦記《しゅうじゅき》」などの名が挙げられ、文語体ではあるが「剪燈新話《せんとうしんわ》」「余話」も、引かれている。篤実な東涯が、「六帖」の中に引くものは、すべて原書を目睹《もくと》しての資料であり、孫引きは絶対にないと、私はにらんでいる。

しからば、これらの書物は、堀川の古義堂の書庫に、あったとせねばならぬ。もっとも近ごろ天理図書館にはいった伊藤家の蔵書の中には、これらの資料は、東涯の引く他の多くの俗語文献と共に、ただ「忠義水滸全書」の、しかも残本が、たった二冊あるきりである。中村幸彦君の説によれば、伊藤家の蔵書は、中ごろ一度整理されたことがあるそうであり、そのとき散佚《さんいつ》したのかも知れぬ。また或いは、全部が全部まで自分の蔵書ではなく、近衛公その他、公卿さんの書庫から借りて見たのかも知れぬ。何にしても、これらの「稗説」が、東涯の読書の範囲にあったことは、たしかであり、「水滸」「竜図公案」「西湖佳話」「拍案驚奇」は、東涯の他の著述「制度通」「秉燭譚《へいしょくだん》」にも引かれている。これも東涯の代になってから、急にこれら中国の「稗説」に、注意がむけられたとは考えにくい。少くともその一部分は、父仁斎の読書でもあったに相違ない。またそうした中国の近世語を自由に読破するだけの語学力を仁斎がもっていたことは、「朱子語類」を正確に読んでいることによっても察せられる。（なお「朱子語類」も今の古義堂文庫にはない）

がしかし、究竟において、仁斎が、「皆な至理有り」といい、「また妙道に通ぜん」という「野史稗説」「詞曲雑劇」は、しかく唐土のそれをより多く指すのか、乃至は日本のそれをより多く指すのであろうか。なぜそうしたことを問題にするかといえば、この二つのものは、仁斎にとって親近さを異にするばかりでなく、その性質においても、やや違ったものをもっているように思われる。従ってそのいずれがより多く意識にあったかによって、仁斎のこの言葉の意味も、多少違って来ると思われるからである。

国文学の歴史、また徳川期における中国通俗文学の伝来史にうとい私には、結局いずれとも決しがたい。ただ東涯の「制度通」には、彼の土の演劇を「何とやらんその体、甚だ鄙野《ひや》にして、日本の謡曲ほどにも見えず」と、評している。その言葉つきは、中国の「雑劇」には、あまり興味と好意とを抱かなかったように、感じさせる。

（一九四六年七月十日、「日本読書新聞」（のち「学問のかたち」養徳社、一九四八年所収））

古義堂

伊藤仁斎（一六二七―一七〇五年）は、日本の自由主義思想の歴史の上での、巨星である。彼は儒者であるゆえに、人間の善意を信じた。神よりも人間を信じた。そうして、人間は善意の動物であることを信ずるゆえに、一つの規格で人間をしばることに、強く反対した。それはつまり当時の江戸幕府の国教であった朱子学に反対することであった。彼はその学説が、幕府の国教とする朱子学よりも、より古くより正しいものであることを主張し、自宅にもうけた私塾を、古義堂と名づけた。そうして元禄時代の最高の学者として、千人にあまる聴講生を、公卿と武士と町人の間にもった。大石内蔵之助、井原西鶴も、その中にいたといわれる。しかし一ばんすぐれた弟子は、長男の伊藤東涯（一六七〇―一七三六年）であった。以後、子孫が代代学を講じ、明治の初年にいたった。西園寺公望は、さいごの聴講生の一人であり、福沢諭吉とも間接の関係がある。漢文の著述を読むのが面倒な人は、ベルギーのスパア神父が英語で書いた仁斎伝か、ソヴィエトのツァトロフスキの研究を読むがよい。

古義堂はそのまま東堀川出水下るにある。他の建物はたてかえられているが、書物庫だけは、仁斎当時のままである。屋敷は相当に荒れているが、当主は、仁斎の子孫たるにふさわしく、人間の善意の不滅を信じつつ、つつましく、けなげに、祖先の講学の家を守っていられる。

仁斎先生はよそものではない。きっすいの京都っ子であったことを、京都の人人のために書きそえておく。

（一九五九年十月十二日、「京都新聞」〔のち「学事詩事」筑摩書房、一九六〇年所収〕）

伊藤仁斎の墓

今日われわれ日本人が、合理的な思考をなし得るのは、われわれにさきだって、すぐれた思想家たちが、その方向への準備をしておいてくれたからである。ことに江戸時代の何人かの思想家たちのおかげである。なかでも、仁斎はもっともすぐれるであろう。

彼の言葉は、今日でも大体そのまま通用する。他の過去の日本の思想家のおおむねの場合のように、一部分を括弧に入れたり、書き直したりしなくても、通用する。君主への忠義、親への孝行というような形で、彼は道徳を説かない。人人への誠実こそ、人間の義務であり、特権であると説くからである。カソリックの神父と、ソヴィエトの学者が、おなじように彼を賞讃する論文を書いているのは、そのためであろう。彼の学塾「古義堂」の建物が東堀川出水にあることは、いつか書いた。彼の墓は小倉山二尊院にある。

彼の最もよき祖述者であったむすこの東涯、孫の東所らの墓とともに、ある。町人ではあっても、当時の一流人たるにふさわしく、立派な墓である。しかしだいぶ荒れている。そろそろ修理が必要であろう。

子孫がいられないではない。しかし仁斎は、われわれが共通に記憶してしかるべき人物である。おそらく他の思想家にさきだって、その恩恵を記憶すべき人物である。そろそろ何か方法が考えられてよさそうに思う。

（一九六一年六月三十日、「京都新聞」夕刊「古都再見」〔のち『短長亭集』筑摩書房、一九六四年所収〕）

二つの伊藤仁斎論――スパアとツァトロフスキ

エリセエフ教授の好意によってハーヴァード大学の東洋学雑誌の最近号を手にし得たことは、私にとって近来の喜びである。今や日本国内の東洋学の雑誌は研究機関自身の発行にかかるものは経費の不足により、また書店に経営を託したものは出版業の不振により、ほとんどすべて停刊の状態にある。それにひきくらべて、海のかなたのありさまは、うらやましいかぎりであるが、それにもまして感心するのは、アメリカの中国研究が、きわめて手がたい歩みをつづけていることである。たとえば、Hightower 教授の手に成る巻頭論文は「韓詩外伝と三家詩」と題されているが、これは紀元前二世紀の、中国の著作に対する行きとどいた分析であって、従来の西洋の中国学者のあまり取り扱わなかった分野であると感ずるが、教授の分析は、中国近代の考証学者の成果と方法とが、ことなった国土において、いかに見事に利用され、継承され、且つ科学的に充足されているかを、示してあまりある。今日の日本で、これだけの論文を書き得る人は、何人いるか。また五世紀の植物書である「竹譜」の Hagerty 教授による全訳、また四世紀の「高僧伝」のうち、仏図澄《ぶっとちょう》についての研究が、Wright 教授により、「高僧伝」のその部分の全訳をふくみつつなされているが、このようにまず資料を精細に翻訳するというのも、従来の西洋の東洋学にいつもある態度ではなかったと、見受けるばかりでなく、二氏の翻訳、ことに Wright 氏のそれは、甚だ正確である。私は一晩かかって、Wright 氏の「高僧伝」の翻訳を、もとの漢文と比較して見たけれども、あやまりを発見することは、困難であった。アメリカの中国学は、きわめて着実なあゆみをすすめつつある。これは私の戦前からの観測であり、かつてそのことを筆にした文章には、日本の学者もうっかりすると先をこされるぞと、すこしおどけて書いたことがあるが、私の予感は、あたりつつある。ねがわくは、予感のおしまいの部分までが的中して、羽田博士のいわれるように、日本人が逆に東洋研究のためには、ぜひアメリカに留学しなければならぬというようなことにならないように。東洋学は、水泳と共に、日本人の特技である。ねがわくは東洋学にも、たくさんのフルハシ〔古橋廣之《ひろの》進《しん》。水泳選手〕が出るように、新制大学の文学部入学者の中に、中国語志望者が一人もないというような現状では、心ぼそいことこの上ない。

　ところで、日本人としての私が、この雑誌の中で、最も興味を感じたのは、日本の江戸時代の儒者伊藤仁斎についての研究が、相ついで二つも、近ごろヨーロッパに現れたことを、知ったことである。一つは、ベルギー人スパア神父による「徳川時代における哲学者、教育者、中国学者としての伊藤仁斎」であり、いま一つは、ソヴィエトのラドウル・ツァトロフスキ教授による「伊藤仁斎の唯物論哲学」である。二つとも原書を手にしたわけではない。その紹介批評が、この雑誌にのっているのである。

　伊藤仁斎といっても、大多数の日本人は、かえって知るまい。元禄年間、つまり芭蕉、近松、西鶴の時代における、儒学の大家であり、ややおくれて出た荻生徂徠とあわせて、近い過去の日本が生んだ最もすぐれた儒学者の二人である。一六二七年、京都の材木商の息子として生まれ、ほとんど独学で、儒家の古典の再解釈と、それにもとづく思想体系を樹立した。それは中国近世の儒学が、あまりにも思弁的、非実際的であり、且つ禁欲的であるのに反撥して、古典の原義に立ち返ることをめざすものである故に、「古義学」と呼ばれるが、その学説の中心は、生命の充実こそ人生の意義であることを、強調するにあるごとく、私には見うけられる。彼は京都の東堀川出水下る、今もその家をとどめるところに塾を開き、主として公卿と町人との間に、千人以上の弟子を得た。大石内蔵之助も彼の弟子の一人であったという。そうして当時の政治勢力である諸大名からの度度の招聘をことわりつづけ、一七〇五年、処士として生涯をとじた。徳川時代の儒学の研究が、近代日本の研究にとっても、封建日本の研究にとってと同様に重要であることは、多言を要せぬと、この雑誌の批評者はいうが、その最も大きな星は、彼である。

ところで書評の筆者によれば、西洋人による二つの仁斎解釈、すなわちカソリックの神父の解釈とソ連の学者のそれとの間には、ある距離があるらしい。神父の方は仁斎の知的学問的貢献を説くことにのみ急であり、仁斎の背後をなす時代を説くのにやぶさかであり、仁斎は、時に、彼の環境から全く遊離したもののように見える、と評者はいう。これに対し、ソ連の学者は、唯物論者、無神論者であるこの大哲学者は、自然哲学としては、ほんの何年か前に出たデカルトとあまり距離のないことを考えつつ、その特色ある思想の上に立って、徳川幕府の軍人政治に反抗し、階級的な不平等に反抗し、すべての人民がメツケの監視下にある警察政治に反抗した。さればこそ諸方の大名の招聘に応ぜず、経済的にはあまりめぐまれない一生を終ったのであると、説いていると、やはり評者はいう。

両説の是非は、原書を手にしない限り、批評することが出来ない。ただ仁斎をめぐって一種の冷い戦争が行われていることはわかる。しかも日本人自身の大多数は仁斎を忘れている間に、それが行われていることは、何か甚だ象徴的である。

（一九四九年九月六、七日、「夕刊新大阪」〔のち「中国と私」細川書店、一九五〇年所収〕）

伊藤東涯

このたび京都堀川伊藤家歴世の書物が、こちらの図書館にはいりましたについては、私にも何か話をしろということでありましたので、「東涯先生の学問」という題を出しておきました。しかし実は私は東涯先生の学問をそう深くは知らないのであります。ただのちに申しますように、東涯先生の著述は、只今でも私どもの学問の役に立つものが少からずあるのでありまして、それらの二三を、私も日夕利用しているのでありますが、それら私の利用させて頂いている書物から見ても、よほど偉大な学者であったろうと考える、ただそのことを申したいのであります。そういうわけで私は先生の書物をすっかり読みつくしたわけではもとよりなく、ことに先生自身においては最も重要と考えられたであろうところの先生の思想を述べられた書物、そうしたものには、ことにうといのであります。只今富永〔牧太〕館長からお話がありましたような、日本思想史の上に先生がどういう役割を勤められたか、そういう点につきましては、私は充分にお話することができません。その点あらかじめ御諒承を願っておきます。

さて伊藤東涯先生は、申すまでもなく、伊藤仁斎先生、かの堀川の学問を始められた仁斎先生の長男であります。寛文十年に生まれ、元文元年になくなっていられます。時間がありませんので、伝記の詳しいことは一切はぶきます。

さて先生の学問の特徴として、まず第一に挙ぐべきことは、先生の学問が非常に多方面にわたっているということであります。今日そこに展観されていますところによっても、おわかりでありましょうが、いろいろの方面の著述が残っております。まず先生の学問の中心といいますか、表芸といいますか、それはいうまでもなく儒学の古典の学問、すなわち経学《けいがく》関係の書物でありまして、すなわちお父さん仁斎先生の唱えられた古義学、このことについてはのちほど武内〔義雄〕先生から詳しくお話があるだろうと思いますが、要するに宋の朱子の解釈から出発して、しかもそれを乗り越え、孔孟の教えの本来の意義を明らかにしようというのが、古義の学でありますが、かくお父さん仁斎先生の唱え出された古義の学、それを先生は祖述し大成されたのであります。東涯先生の諡《おくりな》を紹述《しょうじゅつ》先生と申します。これは恐らくお父さんの学問を紹《つ》ぎ述《の》べた、という意味からついた諡でありましょうが、その諡のごとく、先生は父君の経学の忠実な紹述者であります。その方面の著述としましては、周易を解釈された「周易経翼通解」というのを始め、その他たくさんありますことは、展覧をごらんになればわかる通りであります。また或いは父君が漢文で書かれたものを、和文にくだいて書かれたというふうなものもあります。あすこにも出ておりますが、「訓幼字義」というのは、お父さんが漢文で書かれた「語孟字義」の、国語版ともいうべきものであります。こういうふうに、儒家の古典である経書の字句の解釈、および経書の中に現れた思想の解釈、そういう点におきましては、お父様のよい紹述者でありましたが、単にそればかりでなく、東涯先生の学問はいろいろの方向に伸びております。まず第一は、制度の学問、制度史であります。その方面の著述の代表的なものは「制度通」でありまして、この書物は中国のずっと古い時代から、近くは当時における最近世でありました清朝まで、中国歴代の制度の変遷を、極めて簡明適切に叙述したものであります。それからまた中国の制度が我が国の制度に与えた影響についても、附帯的に説いてある。まず東亜制度史といってもよい書物であります。その他制度に関する書物が、なお二三ありますが、今は略します。

次に挙ぐべきは、言語の学問であります。言語といっても中国語、当時の言葉でいえば漢文の、言語理論であります。その方面の著述としましては、まず「助辞考」と「用字格」、これはともに文法です。それから「操觚字訣《そうこじけつ》」、これは漢文に普通現れます文字の意義を説明したもので、たとえば同じノボルと訓ずる字でも、登、上、昇、その他たくさんある。それらは同じくノボルであるけれども、それぞれニューアンスが違う。「登」は坂をのぼるように、だんだんとすすみあがる。「上」はあるものの上へあがる。「昇」は勢をつけてすっとあがること、そういう風にいちいち分析して説明が与えてあります。それから「名物六帖」というのも、この方面の著述でありまして、近世の中国の書物の中から、当時の日本人にわかりにくい言葉を拾い、解釈を与えたものであります。そのなかには先生お得意の制度の書物、ことに近世の制度の書物を始め、「水滸伝」或いは「竜図公案《りゅうとこうあん》」など、只今こちらの外国語学校でお読みになっているようなものをも、縦横に利用して、いちいち解釈を与えていられます。かく中国語に関する多くの業績を残していられるほか、これはどれ程お出来になったか、私にはわかりかねますが、朝鮮語もおやりになったようで、朝鮮語に関する書物が多少そこに出ています。

以上のようなまとまった著述のほか、先生の著述には、随筆の類が多数あります。その中で一ばん面白いのは、「秉燭譚《へいしょくだん》」でありまして、その内容は非常に多方面にわたっております。先生が博学の学者であったということは、多方面の著述を残していられることでも分りますが、随筆によってもうかがわれるようであります。

このように、先生の学問の特徴としてまず気づくことは、博学ということでありますが、では先生の最も偉大な点は、博学という点にあったかというと、それは必ずしもそうでありません。学者として先生の最も偉大な点は、先生が正確な学者であったという点にあると考えます。先生の学問がいかに正確であったか、そのことを最もよく示しますのは、やはり「制度通」であります。この書物は只今申しましたように東亜制度史ともいうべきものでありますが、その叙述は実に正確であります。歴代の制度の変遷のうち、重要な点は要領よくもれなく指摘しつつ、しかもほとんど間違いがない。先刻もその方の専門家の内藤乾吉《けんきち》さんに伺ったのでありますが、「制度通」より以後に、あれよりよい中国制度史が出来ているかどうか、どうもあれだけの著述はないように私は思うがどうでしょうと、汽車の中で内藤さんに伺ったのでありますが、それはまさしくそういってよかろう、あれ程の書物はほかにない、そういうお返事でありました。そのため現在も中国の学問をやる人は、大抵この書物を座右に備えて、日夕そのお蔭を蒙っているのであります。中国の学問をやる人で、もしこの書物をもっていられぬ方があったら、早速お備えになるがよかろうと考えます。更にはまた「操觚字訣」、これもその内容は先刻申した通りでありますが、この書物の叙述も正確無比である。言葉のニューアンスというものは、なかなかつかまえにくいものですが、そのつかまえにくいものをきわめて手際よくつかまえて、簡明にしかも間違いなく説明している。また「名物六帖」の解釈にしても、間違いを発見することは非常にむつかしい。これはおかしなことをいうようでありますが、私どもはむろん浅学であり、そのため或いは先生の書物に万一誤りがあっても、それをなかなか発見できないのであるかも知れませんけれども、とにかく私が今まで利用しました範囲内では、間違いを発見しません。このことはつまり東涯先生という方は、非常に鞏固《きょうこ》な頭脳の持ち主であったことを示すものと思います。記載すべき事柄について、何が重要であるかないかを判断し、重要でないものを省き、重要なものだけを指摘するという判断力が、充分におありになった。また直接な認識を越えた古い昔のことを、もう一度認識するという推理力、それも充分におありになった。つまり非常に理性の強い、科学的な頭脳の持ち主であったということになります。その点ことに感心しますのは、「名物六帖」であります。これは先刻申しましたように、一種の近世中国語の辞典でありまして、そのなかには近世の俗語がたくさんはいっています。ところで当時の日本の儒者は、中国人と会話をする機会はまずなかったのでありますから、その解釈は専ら推理によって得られたものと考えられます。その点は直接中国人に接し得る私ども今日の後学の方が、そういう言葉を正確に理解し得る機会に恵まれているわけでありますが、その今日の私どもから見ても、やはりほとんど間違いがない。先生があれだけの解釈を与えられるには、非常な苦心をされたろうと思うのでありますが、その苦心の結果は、みんな当っているのでありますす。これは先生の推理の頭がいかにすぐれていたかを物語るものであります。

また先生の著述がかくの如くみな正確でありますのは、一つには只今申しましたように、先生がすぐれた頭脳のもちぬしであったことにもよりましょうが、更には、先生の人柄にもとづくものと思われます。先生がまじめな謙遜な良心の強い方であったことは、いろいろエピソードがありまして、「先哲叢談」というような書物に、たくさん載っております。中にはなかなか面白いエピソードもありますが、それらによってもわかるように、先生は非常に良心的な人柄であったようであります。それがやはり学問の上にも反映したと思うのでありまして、これは私の想像でありますが、先生は証拠のないことは一切筆にされなかったのではないか、また多少証拠があっても、その結論が自分自身で納得が行かぬ場合は、筆にされなかったのではないかと、そう私は考えるのであります。「秉燭譚」、これは先生の随筆であります。随筆というものは、今も昔も少しは裃《かみしも》を脱いで、正式の著述よりは楽な気持で書くものでありますが、先生のものはたとい随筆でも実に正確無比であります。かくその著述のすみずみまで先生の性格が浸透しているのでありまして、このことはつまり先生は比類のない科学的頭脳のもちぬしであったとともに、強烈な科学的精神のもちぬしであったことを示すものにほかならぬと考えます。そうしてこの点につきましては、そもそもお父さんの仁斎先生が非常に科学的精神に富んだ方でありました。仁斎先生が古義学を始められました動機は、宋儒の説の誤りを是正して、孔孟の元の意味をあくまでも元の意味のままに探究しようというにあります。これこそ真実の掩蔽《えんぺい》をにくみ、事物の実相をあきらめようとする科学的精神でありますが、この精神は、東涯先生の学問の中にも脈脈と波うっているのでありま す。とともにまた始めに申しましたような東涯先生の博覧、これもやはり親譲りのようでありまして、お父さんの仁斎先生が、やはり広く書物を読んだ方でありました。仁斎先生の「童子問」という本を読みますと、次のような言葉があります。すなわち、儒者の責務は道理を明かにするにある、道理を明かにするには、儒家の古典である経書《けいしょ》こそ最も大切であり、経書のなかでもなかんずく「論語」「孟子」が一ばん大切であるけれども、それぱかりではいけない、歴史もやらなければならぬ、また稗史雑劇というようなものも役に立つというこことをいっていられるのであります。こうした学風も東涯先生に非常によく伝わっているように思われます。もっともこの親子をくらべますと、お父さんの方がどちらかといえば、より哲学者的であり、東涯先生の方は、より歴史家的といってよいでありましょう。その結果、儒学に関する著述、これは東涯先生の表芸ではありましょうけれども、それらは実はお父さんの書物ほどには、精彩がないように思われる。これは親子それぞれの性格によることでもありましょうが、また一つにはこういうこともあったかと思います。すなわち、あまり儒学の方面で思索を発展させては、お父さんの唱えられた説の範囲を越えるかも知れぬ、それでは相済まないという遠慮があり、それが先生の思索を一そう内輪にしたのではないかと考えます。そうしてまたそういう意識が、先生の才能を狭い意味の儒学以外の方面、つまり史学語学の方面に伸ばさせたのかも知れません。

話が横道にはいりましたが、さて元へもどりまして、かく先生の学風は非常に正確でありました。ここで一つ注意すべきことは、徳川時代の儒者は、みな非常に勉強をされました。そうしてそれぞれ立派な著述を残していられるのでありますが、しかしながら東涯先生の著述のように、今日でもわれわれの座右に備えて、すぐさま役に立つという書物は、あまり多くないように思われます。ほかの人人の著述もそれぞれ立派なものではありますが、今日そのもつ意義は、多くは歴史的意義でありまして、一つの説を唱えた先駆者としては偉いけれども、その事柄に関しては後の人の書物を読む方がもっと正確である、或いはまたあまりに当時の倫理として説こうとする意識が強烈である結果、当時の倫理としては適合しても、今日からはまず歴史的価値しかもたない、というふうな書物が多いのであります。ところが東涯先生の書物はそうでありません。時代を超えた正確さをもっているのであります。

なおここでもう一つ申し上げておきたいことは、先生は強い理性と良心とを持たれた立派な学者でありましたとともに、一方においては、すぐれた文章家であったということであります。つまり先生の言語能力は、他人の言語を理解する力、すなわち読書力が非常に正確であったばかりでなく、みずからの思想を言語に表す力、つまり表現力も非常におありになったのであります。そのことを最もよく示しますのは、先生の漢文であります。私は東涯先生の漢文を、非常に上手であると思います。よく世間には徳川時代の儒者の漢文というものは、中国の人に読ますと調子が悪いのじゃないかという人がありますが、東涯先生の文章は、たとい中国人に読ませても、ひどくリズムにはずれるところはなかろうと思うのでありまして、あれだけ書くということは、よほど才のある人でなければ出来ないと思うのであります。これはやはりお父さんの仁斎先生が既にそうでありますが、東涯先生もお父様についで立派であります。もっとも東涯先生の漢文は、山陽外史の漢文のように、人を激励し鼓舞するというふうな、激越な文章ではありません。非常になだらかな平坦な文章であり、しかもいいたいことだけは充分にいい尽くした文章であります。でありますから、「日本外史」を読むように面白くはありません。けれども一体に山陽外史のような、アクセントの強い文章を書くのと、東涯先生のようにアクセントに乏しい文章、しかもそれでちゃんと文章になっている文章、そのどちらを書くのがむつかしいかと申せば、それは東涯先生のようなものを書くのがむつかしいのであります。かく書きにくい文章を巧みに書かれたということ、これはやはり先生の偉大さを物語るものであると思います。その点は同時代の漢学の大家として東西に対峙していました徂徠も、名文家でありますが、私はむしろ徂徠の文章よりも東涯先生の文章の方が、危な気がないと感じます。徂徠の文章は才気煥発ではありますが、ときどき何かちょっとおかしいようなところがある。東涯先生にはそういうところがすくない。またかく漢文を書かれます能力において先生の表現力は看取されるばかりでなく、別の方面からもそのことをうかがわせますのは、「名物六帖」の和訓であります。これは先刻申しましたように、近世中国語の辞典でありますが、いちいちの言葉に和訓が与えてあります。ところでその和訓はみな一言道破でありまして、もとの中国語の意味がすぐ直感出来るような、いとも適切な訳語であります。これは私ども多少そういう仕事をやっています関係上、みずからの経験がありますが、なかなかむつかしいことでありまして、只今の学者にはなかなかああいう芸当はむつかしいかと思います。かく先生は文章家乃至は翻訳家としても立派な方でありました。そうした才能も、学者として当然もつべきものだとすれば、先生は学者として完全な才能をもたれた方でありました。

　ところでかく先生が偉い学者であるということ、それはもとより早くから認められていたことでありますが、ここに先生を徳川時代の儒者のうち一番偉いといった人がある。それは平田篤胤であります。篤胤の「古史徴開題記」というものには、こういう風に書いてあります。「漢学者流の中に伊藤長胤と云へる人ばかり愛《はし》きはなし。吾党《わがとも》の小子《こら》の、漢学《からまなび》をも為《せ》ま欲《ほ》しく思はむは、先づこの長胤の著せる書《ふみ》の悉《ことごと》く読みて後に、他書《あだしふみ》に度《わたり》たらむには進み速からむものぞ。」そう申しております。つまり伊藤長胤、というのは東涯先生でありますが、漢学者のうちこの人ほど尊敬すべき人はない、漢学をやるものはまず東涯先生の書物を読むがよい、それが一ばん早道だというのであります。この篤胤の言葉は、只今ではもはやこの通りには通用いたしますまい。只今は中国についての学問もいろいろの点で進歩しましたから、どの方面においても東涯先生の書物を、まっさきに読まなければならぬということはありません。けれども、たとえば「制度通」「操觚字訣」などは、今日でも中国の学問に志す人が早いうちに読んで置くべき書物であります。つまり篤胤の言葉は只今でも多少訂正を加えればそのまま通用するのでありまして、この点からいっても東涯先生の業績は不朽であります。

しかし先生の不朽は、単にただその著述が今もすぐ役に立つというような点にあるばかりでなく、ほかにもあります。それは先生の学問の方法の中に、ながく後の学者の鑑とすべきすぐれたものがあると思われることであります。

先生の学問の方法のうち後の学者に啓示を与えると考えますものの第一は、先生が近世の事柄を重視されたことであります。一たい先生の学問の目的とされるところは、いうまでもなく孔子孟子という中国の古い聖人の教えを明らかにすることにあった、それが先生の学問の究極の目的であります。ところが一方において先生は、近世の中国、また或いは当時における現代の中国のことに、非常な注意を払っていられます。このことは古典研究の方法として非常にすぐれたものであると考えます。いかにも古典の学問というものは、まず最初の立場としては、昔と今とは違う、昔と今とは非連続のものだという考えに立つことが必要でありましょう。仁斎東涯父子の古義の学問も、まさしくこの立場に立っています。すなわち人間の考え方というものは時代が移るに従って変って行く、だから宋の儒者が孔子孟子の考えだとして述べたものは、後の人の考えであって、必ずしも孔孟の考えではない。だからそれはいけない、それを捨てて昔の考えのままに帰らなければならぬ、というのが伊藤家古義学の根本の立場でありまして、その立場は昔と今とはつらなりがない、昔と今は違ったものだとする立場であります。しかし、ではそういうふうな立場だけで、完全な古典の学問は成立するかというと、どうもそうではない。昔と今とは違うという立場ばかりで行きますと、どうも往往にして近世のこと、現今のことというものは、閑却される。そうして一足飛びに古代に突き入ろうとする結果は、或いは独断によって生まれたものを、古い事実であると誤認する場合が却って多いのであります。それを救う方法としては、逆に昔と今とは連続したものであるという考え方が、必要のように思われます。すなわち昔と今とは違うに相違ない。けれども、その中には違わないものもある。一たい昔のことというものは、われわれの直接な認識のそとにあるのでありまして、それをもう一度認識しようとするには、まず認識しようとする事柄を、認識しやすい今の世のことに当てはめて見て、その認識が正しいかどうか見当をつけて見るということが、一方においては必要なように考えます。ところで東涯先生が中国の古い聖人の考えを究めようとしながら、一方では現代の中国に対し深い注意を払われたのは、恐らくそういう用意からであろうと思います。これは荻生徂徠も同じでありまして、徂徠はそうした主張をはっきりと表面に出しております。東涯先生ははっきり主張されてはいませんけれども、やはり徂徠と同じ考えではなかったかと考えます。制度の研究にしましても、宋以後の制度を、懸命に研究されていますが、これはやはり宋以後の制度を明らかにすることによって、古代の制度すなわち先生たちの理想とされた周時代の制度にさかのぼろう、近世の制度という手近な認識しやすいものから、遠い認識しにくいものへ段段さかのぼって行こうという考えであったのではないか。また「名物六帖」の示す如く、中国近世の言葉に注意を払われたのも、言語生活のありさまを、認識しやすい只今の言語から出発して、古いところへさかのぼって行こう、そういう考えがあったのではないか。そういう考えがあったかどうかはしばらくおくとしても、先生の学問が非常に正確であり、見当違いが少いのは、事実においてそういう方法を取られたことに基づくと思うのであります。

そこで私がたいへん興味ぶかく感じますのは、本居宣長の学問の方法であります。宣長の学問も一種の古義学でありまして、記紀に対して後の学者が与えた解釈を排斥し、記紀の当時の意味に還そうとするのでありますが、御承知の通り一方では、宣長は現在の言葉を重んじ、現在の言葉を資料にして、古い言葉を解いています。この本居大人の学問の方法と東涯先生の学問の方法と、私は非常に似ていると思うのであります。私は国学は不案内でありますので、堀川の学問と鈴《すず》の舎《や》の学問と直接の結びつきがあるかどうか知りませんけれども、どうも間接には結びつくように思う。たとい意識的な結びつきはないにしても、本居大人に至って完成したあの古典学の方法は、既に東涯先生において大体出来ていたということがいえると思うのであります。

以上は先生の学問の方法が、古典学の方法としてすぐれている点を申したのでありますが、先生の学問の方法は、単にかく古典を治めますものに、啓示を与えるばかりでなく、広く一般の文化科学の方法としましても、すぐれた点をもっているように考えます。一たいに、高遠な道理を求めるものは、どうも卑近な事物に対する注意を忘れがちであり、日常的な事物がどういう意義をもっているかということに、おろそかになりやすいのでありますが、堀川の学問はそうでありません。これはお父さんの仁斎先生が既にそうでありまして、仁斎先生が宋儒の学問を排斥された理由の一つは、宋儒は高遠なことばかりいって、卑近なことを忘れている、だからその説くところは、人情に遠い、人間の普通の感情から離れたものになってしまった。そのためにいろいろ残忍なことがらさえ発生している。というのが古義学提唱の一つの動機でありまして、人の外に道なし、道の外に人なし、というのは、仁斎先生の常に説かれるところであります。また立派な道というものは、必ず平易な言葉で説いたものだ、平易な言葉で説いたものでなければ、立派な道でない、何か人をびっくりさせるような言葉で説いてあるものは、必ず正道からはずれたものであるともいっていられます。つまり卑近なものこそ普遍であり、卑近でないものは普遍でないという考えでありますが、こうした態度は東涯先生の学問にも強烈であります。たとえば宋以後の儒学で論議の中心になっていますのは、「性」ということ、「心」ということであります。朱子、王陽明、みなやかましく議論しております。ところが東涯先生の解釈は非常に簡単なのであります。それは「秉燭譚」の中にあるのでありますが、弟子たちが心性の事をいろいろ議論したことがあった、そのとき先生問うていわく、心という字は日本では何と読むか、答えていわく、ココロと読む、また問うていわく、性という字は日本では何と読むか、答えていわく、ムマレツキと読む、先生いわく即ちこれなり、その人、言下に解を得たり、と見えている。同じようなことは、「弁疑録」という著述の中にも見えています。先生がいかに卑近な事物を重視されたかは、この一事でもわかると思うのであります。つまりココロとかムマレツキという日常の言葉、それこそ「心」とか「性」というものの本体を最もよく具現している、そういうお考えであろうと思うのであります。こういう態度は先生の書物の至るところに現れているように思われます。また先生が近世のことに熱心でありましたのも、やはり卑近なものの尊重のように思われるのであります。

またそもそも先生が博学であったのも、ただ興味本位からいろいろのことをやって見ようというのではなしに、広く卑近な事物に思索を加えて、自分の結論に誤りなからしめんという考えからであろうと思うのであります。そうしてこういう風な態度は、更に考えて見ますと、実は必ずしも堀川の学問に始まるのではなく、中国の儒家の考えというものが元来そうなのであります。中国の儒家の考えのうち、最も取るべきもの、それはそういう点にあると思うのでありますが、そうした儒家のよいところを、東涯先生はよくつかまえて、実践されたと思うのであります。日常の行いの上にも実践されたでありましょうが、学問の上にも実践されたのでありました。このことはやはり後の学者に大きな啓示を与えるものと考えます。それは単に古典の学問をやるものばかりでなく、広く文化科学に志しますものに、大きな啓示を与えるものであると思うのであります。ことに只今の時世は必ずしも東涯先生のように、謙虚な慎重な態度で、人人はものをいっておらぬのではありますまいか。卑近な事柄から離れて、一足とびに高遠な理窟に飛びこもうとする。その結果は、独断が生まれやすい。或いは卑近な事物に省察を加えることがあっても、ただ単に二三の事物だけにとらわれて、それですぐ結論を導き出す、そういうようなこともないではない。そういう風な風潮に対し、東涯先生の書物は、重要な反省の資料だと考えます。

こう考えてまいりますと、先生の学問は決して、その著述がわれわれ中国の学問をやるものの、座右の宝となるというような、狭い意味だけでなく、もっと大きな意味で、これからの日本人の学問なり、思想の展開の上に、重要な指針となり得べきものを含んでいると、私は考えるのであります。

私は始めにもお断りしましたように、先生の書物を実はよく読んでいません。ただ大体は以上のようであろうと考えるのでありまして、かく考えます結果、以後更によく先生の書物に親しみ、更に多くの啓示を受けたいと思っております。篤実な先生のことをお話ししますのにふさわしくない不篤実な話になりましたが、今日のところはこれで御免を蒙ります。

（一九四二年十月十八日、天理図書館に於ける講演〔「東涯先生の学問」として「日本文化」第二十二号、天理図書館、一九四三年、のち「支那について」秋田屋、一九四六年所収〕）

安積澹泊

朱之瑜《しゅしゆ》　舜水《しゅんすい》文集
安積覚《あさかさとる》　澹泊斎《たんぱくさい》文集
安東守約《あんどうもりなり》　省庵《せいあん》文集

研究所の中国語学の講師傅芸子《ふうんし》さんが、この三つの書名を書いた紙切れをもって来られた。北京大学の周作人さんからの依頼であるが、一つ捜して貰えまいか、といわれる。さっそく寺町の竹苞楼《ちくほうろう》へ電話をかけると、「舜水文集」は、「陽九述略」だけを、抜刷りにしたのがあります、安積と安東の文集は、あいにくもちあわせません、文集以外の著述ならばもっておりますが、という。ではそれを見せてくれたまえと、持参させたのは、安積の「湖亭渉筆《こていしょうひつ》」「澹泊史論《たんぱくしろん》」「新安手簡《しんあんしゅかん》」、および安東の「三忠伝《さんちゅうでん》」であった。そのむねを傅さんに通ずると、それもいるかも知れぬ、周さんに問い合わすから、返事のあるまで、書物はあずかっていてほしい、とのことであった。

私はこれらの書物とは、初対面であった。著者にもなじみは薄い。安積澹泊《あさかたんぱく》の文章は、中学の漢文の教科書で読んだ記憶がある。水戸の史臣であり、「大日本史」の主要な執筆者であることだけを知っている。安東に至っては全く知識がない。

にも拘らず私は、これらの書物に興味をおぼえた。というのは私はこの両三年来、江戸時代の二三の先儒の書物を読んで、その中国を理解する力の深さに、嘆服したことがあるからである。これらの書物からも、きっと啓発されるところがあろうと考えた。またこれは周作人氏が読まれるかも知れぬ書物である。それを本国人たる私が、目を通しておかぬのは、恥辱だとも考えた。さいわい運動週間の休暇中で、いささか閑もある。「新安手簡」だけは、草書体の写本なので、歯が立ち兼ねたが、そのほかは大たい目を通した。そうして「湖亭渉筆」という本に最も興味をおぼえ、最も感心した。

「湖亭渉筆」四巻、安積澹泊の漢文の随筆である。享保十二年の室鳩巣《むろきゅうそう》の序と、同じ年の自序がある。澹泊七十二歳の時である。

まず私が感心したのは、その中国文の見事さである。一たい享保以後の儒者の漢文は立派である。少くとも只今の日本人が我流で書きなぐる漢文のように、中国の人に見せて意味がわからぬということは、まずない。ただ江戸時代の中国語学は、いわゆる訓読法によった為に、今日われわれが中国音で直読すると、何となくリズムが整わない。これは諸家を通じて免れ難いところであって、早くこの点に気づいた徂徠は、当時すでに中国音直読を主張した。そのため徂徠の文は、比較的リズムが整っている。けれどもそのリズムには誇張があるように感ずる。また東涯などもこの点にには、至って細心であったらしい。ただ細心の度がすぎて、一種の窮屈さを感ずる。ところが澹泊の文章は、少くとも「湖亭渉筆」の文章は、極めて平淡に文を行《や》りながら、中国語としてのリズムをふみはずさず、といって窮屈でもない。かりに清《しん》朝の学者の文章の中に混ぜて見ても、ちょっと見わけがつくまいと思われる。或いは中国の人が読めば、何かおかしさに気づくかも知れないけれども、少くとも私程度の日本人の語学眼では、そう思われる。どうしてこんなに巧みに書けたろうと、不思議にさえ思えた。

しかしこの不思議は、やがて解けた。澹泊は十三の年から、当時水戸に招聘されていた中国人朱舜水《しゅしゅんすい》について、中国音を学んでいたのである。かくして読み取られた中国語のリズムが、附け焼刃である筈はない。そうしてそれが、自作の文章にも現れ出たのである。

中国語のリズムを知ると知らぬとは、中国の学問をする上に、大した影響はない、という議論もあるかも知れぬ。しかし私はそう思わない。中国の言語というものは、中国人の精神に根ざすものであり、逆にまた中国人の精神に制約を与えているものである。そのリズムを知ると知らぬとは、中国を理解する上に、相当の差異を来たす筈である。この意味において私は、かくまでも中国語のリズムを体得し得た澹泊先生に対し、まず敬意を表せざるを得なかったのである。

更に私が感心したのは、その学問の態度である。この書物は、司馬温公の「資治通鑑」を中心として、ひろく中国の史書に見えた史実なり、語句なりを、考証し論評したものであるが、その考証は甚だ精細であって、多く瑣細な問題を取りあつかいながらも、中国史全体に対する広く且つ深い理解を反映している。ことにかの大部な「資治通鑑」を、自由自在に使っているあたりは、余程の造詣がなければ出来ない芸当である。またその史論は、必ず史実の吟味を前提とする。史実に立脚せずして空論をはせたところは、ほとんど一条もない。

そこで面白く思うことは、かかる学風は、かの清朝の考証学と、期せずして一致するものである。しかも時間的には彼に先んずる。この書物の序が書かれた享保十二年は、清の雍正《ようせい》五年に当るが、その頃の中国では、まだかかる学問は振わない。実証史学の巨擘銭大昕《きょはくせんたいぎん》が、「廿二史考異」の序を書いたのは、乾隆四十五年であり、この書物より五十三年のちであった。中国史研究家としての澹泊は、銭大昕に数段おとらざるを得まいが、しかし澹泊の仕事は、銭大昕よりも、半世紀以上早いのである。またみずからの分野では、「大日本史」という大しごとをなしとげているのである。これは伊藤仁斎の「語孟字義」が戴震の「孟子字義疏証」に先だち、山井鼎《やまのいかなえ》の「七経孟子考文」が阮元《げんげん》の「十三経注疏校勘記」に先だったのと共に、われわれが自慢していいことである。わが国の儒学を推奨する人たちは、わが国の儒学の方が中国の儒学よりも、高い道徳をもつと、強調する。しかし、わが国の先儒たちは、その知性においても、或いは彼の国の人に先んじ得たことを、忘れてはなるまい。

同時にまた私は、一種の感慨をもよおす。澹泊の史学は、「大日本史」にも示された如く、大義名分の学である。ところで、その大義名分論は、歴史の理解の上に立つものであり、理性の陶冶によるものである。空疎な感情の激発ではなかった。澹泊がよりどころとしたのは、何よりも司馬温公の「資治通鑑」であった。史実を直視した「通鑑」であった。経書の学では程朱を奉ずるものでありながら、朱子の「通鑑綱目」には、あまり好い顔を見せていない。「綱目」は空疎な感情論が多いからであろう。

更にまたこうした感慨をももよおす。今日の中国研究は、澹泊の時代にくらべて、数々の点で進歩した。しかし果して澹泊ほど、中国語のリズムを理解しているであろうか、また澹泊ほど、「通鑑」を熟読しているであろうか。われわれの周囲を見わたしても、第二の「湖亭渉筆」を書けそうな人は、ちょっとない。これはやはり一つの不幸ではあるまいか。むしろ澹泊の学問そのままでは、今日の学問になりにくいであろう。とともに、澹泊のような教養を全く欠いても、中国研究は成り立たないと信ずる。この点、今日の中国研究は、反省すべき点があるのではないか。われわれの学問が、われわれの祖先をはずかしめるものであっては、何とも申しわけない次第である。

なお、もう一つ感じたことがある。それは「六国史」、すなわち「日本書紀」以下、漢文で書かれた日本の古い歴史書についての問題である。澹泊はその中国語の力を利用して、「六国史」のうち、難解な個所数か条を解釈しているのであるが、その中に次のような一条がある。

それは「日本書紀」崇峻紀の、厩戸皇子が守屋を攻められた際の言葉、

将無見敗、非願難成、

についてである。澹泊の説によれば、「将無見敗」というのは、かの「世説新語」に見えた

「将無同」と同じ語法であって、「将無見敗、即言敗也」だと説く。つまり「将無」というい
い方は、一種の反語だというのであり、「将無見敗、非願難成」とは、「敗けるのではなかろ
うか、願を掛けねば駄目だ」といわれたことになる。
この条の澹泊の議論の過程には、宋の馬永卿《ばえいけい》の説を引いたあたり、多少賛同し難いところ
もある。しかし「将無」の二字を反語と見る結論は正しい。「将無」といういい方は、晋《しん》時
代の人人の文章にしばしば見えるが、それらはみな反語である。たとえば、澹泊が証拠とし
た「将無同」は、晋の阮瞻《げんせん》がある人から孔子老子の異同を問われ、それに答えた言葉であっ
て、この言葉の解釈については、前にいう馬永卿その他、中国人の間にも種種異説があるの
であるが、けっきょくわが伊藤東涯が、その「秉燭譚」に説く如く、「同ジキニテゴザラヌ
カヤ」と訳するのこそ、最も正しい。すると「書紀」の「将無見敗」も、澹泊の説のように
反語であり、「敗けるのではなかろうか」の意味に訓ぜねばならぬ。
ところで諸家の「書紀」の訓を調べて見ると、谷川士清《たにかわことすが》の「〔日本書紀〕通証」は、澹泊
の説を引いた上、

ハタヤブラルルナカラムヤ

と訓じており、小寺本、黒羽本、通釈、国史大系本、岩波文庫本もそう訓じているが、清原
氏の旧訓はそうなっていない。この句を

マサニヤブラルルナガラムコトハ

と訓ずるのであって、集解《しゅうげ》、標注、また最近出た朝日新聞社本〔全二巻、一九四〇年〕、みなこの系統の訓である。どうも定論はないらしいのであるが、漢文の語法としては、どうしても「ハタヤブラルルナカラムヤ」でなければならぬ。「マサニヤブラルルナカラムコトハ」では、「将」の字が浮いてしまう。

朝日新聞社本「六国史」の校訂者佐伯有義氏が述懐されるように、このわれわれに取って甚だ大切な書物には、佐伯氏の異常な努力にも拘らず、なお多くの疑難が、未解決のまま残っている。なぜ国学、中国学の両方から学者が出て、国家的な校訂の事業が起こされぬのであろうか。

以上のような事を考えている間に、周氏から傅君に返翰があった。「三忠伝」のほかは全部送ってくれとのことである。私は竹苞楼に、「湖亭渉筆」を至急もう一部捜すように頼んだ上、書物を北京に送らせた。昭和十五年十月三十一日のことであった。

そのあくる月紀元二千六百年式典の日。

（「図書」〔「湖亭渉筆を読む」として一九四〇年十二月号、のち「支那について」秋田屋、一九四六年所収〕）

本居宣長──世界的日本人

私は中国を対象とする学問に従事するものであって、国学を専攻するものではない。従って宣長の書物をあまねく読んだわけでもなければ、また読むひまもない。「古事記伝」以下の宣長の業績が、いかに偉大なものであるか、それを具体的に語ることはできぬ。にも拘らず、私が宣長を偉大なりとするのは、その学問の方法に甚しく感心するからである。私が宣長の方法に感心するのは、私の体験からである。

私が宣長を読みだしたのは、決して久しいことではない。昭和十三年の夏、関西には大水害があった。私は夙川《しゅくがわ》の母の安否を案じ、食糧をもって見舞いに出かけた。家は濁水につかっていたけれども、母は無事であった。私は翌日京都に帰ることとし、阪急夙川駅前の小さな書店で、岩波文庫本「うひ山ぶみ」〔「うひ山ふみ　鈴屋答問録」村岡典嗣校訂、一九三四年〕一冊をあがなった。水害を記念せんがためである。

しかしこの半ば好奇心から購《あがな》った小さな書物は、帰途の車中で、私を魅了した。宣長の国学の方法は、すなわち私の中国研究の方法であった。そうして私が年来、私の方法の理論として考えていたものを、この書物ははっきりと説きつくしている。私は私の方法の誤っていなかったことを知り、百万の援軍を得た思いをすると共に、先きを越されたというくやしさをさえ感じたのであった。

以来、私は宣長の信徒となった。本居宣長全集七冊は、やがて彙文堂《いぶんどう》の手代衛湖《えこ》原《はら》君の好意により、私の机上に届けられた。私は「玉かつま」を読み、「古事記伝」を読むを得た。国学にうとい私は、わが国の事象に対する宣長の解釈を、批判することはできぬ。私が驚嘆したのは、宣長が中国の事象に対しても、極めて的確な解釈に到達していることである。漢文の読み方が正確であり、自作の詩文も見事であるのは、堀景山の弟子であり、徂徠の孫弟子である以上、当然のことであるが、単にそればかりではない。中国の事象に対する見解の正しさは、当時の群儒を抜くものがあると感ぜられる。ところでかく中国の事象に対しても、的確な解釈に到達しているということは、やはりその学問の方法が優秀であったことを、物語るものにほかならぬ。また中国の事象に対しても、その方法が成功を収めている以上、更に他の事象を対象とする学問にとっても、宣長の方法は、役立つものでなければならぬ。私が宣長を、世界的な日本人とする所以は、ここにある。

宣長の学問、それは実証学である。「うひ山ぶみ」の定義によれば、「何事も古書によりて、その本を考へ上代の事をつまびらかに明らむる学問」である。つまり歴史事実をそのまま再認識せんとする学問である。その為には、一切の恣意は排斥されねばならぬ。そうして認識の基礎としては、最も確実なものが求められねばならぬ。そうした確実な基礎として、宣長が求めたものは何であったか。それは実に、古人の言語であった。何となれば、人間の百般の行為は、すべて人間の精神の反映であるが、過去の人人の行為のうち、最も確実にとらえ得るものは、言語活動をおいては、ほかにないからである。過去における言語活動の把握、それこそ、すべての歴史認識の基礎でなければならぬ。

こうした主張の前提として、宣長はまず、言語活動というものが、いかにその主体である人間の精神を反映するものであるか、それを指摘していう、「まづ大かた人は、言《コトバ》と事《ワザ》と心《ココロ》とそのさま大抵相かなひて似たる物にて、たとへば心のかしこき人は、いふ言のさまも、なす事のさまも、それに応じてかしこく、心のつたなき人は、いふ言のさまも、なすわざのさまも、それに応じてつたなきものなり、又男は、思ふ心も、いふ言も、なす事も、男のさまあり、女は、おもふ心も、いふ言も、なす事も、女のさまあり、されば時代々々の差別も、又これらのごとくにて、心も言も事も、上代の人は、上代のさま、中古の人は中古のさま、後世の人は後世のさま有て、おのおのそのいへる言と、なせる事と、思へる心と、相かなひて似たる物なるを」。

ところで学問とは、「今の世に在て、その上代《カミヨ》の人の、言をも事をも心をも考へしらん」とすることであるが、上代の人の「心」、それはむろん直接な認識のほかにある。次に「事」はといえば、いかにも「なせりし事《ワザ》」は「史」に伝わってはいる。しかし「その史も、言を以て記したれば、言の外ならず」。この宣長の言葉は、直接には「事」というものも、「言」によって記載される、だから「言」は「事」を認識する前提としても必要であるというのであるが、その裏の意味をつきとめれば、「事」というものは、「言」を通じてこそ認識し得る。つまり既に直接な認識のほかにあるのであって、一層の膜を隔てたものであることを、指摘しているのである。

では膜を隔てないものは何か。それは実に「言」である。「そのいへりし言は、歌に伝はり」である。しかも「言」と「心」とは、前に引いた如く、「そのさま大抵相かなひて似たる物」であるから、「心のさまも、又歌にて知るべし」である。「言」を知れば「心」を知るのである。そればかりではない。「事」も「言」と同じく「心」の反映であり、「心」と相かなうものである以上、「事」を完全に知るためには、まず「心」を知らねばならぬが、「心」を知る最も端的な手がかりは、「言」にある。つまり「言」を知らねば、「事」も完全にはとらえ得ないのである。ということは、「事」が「言」によって記載されるのを指すのではない。「事」と「言」とが「心」を媒介として「相かなふ」のを指すのである。むろん「言と事と心とはそのさま相かなへるもの」である以上、「心」によって「事」が、「言」が、また「事」によって「心」が、「言」が、明らめられる場合もあろう。しかし最も確実な手がかりは、やはり「言」にある。「後世にして、古の人の、思へる心、なせる事《ワザ》をしりて、その世の有さまを、まさしくしるべきことは、古言古歌にあるなり」でなければならぬ。

その結果、宣長の学問においては、文学というものが、甚だ重要な位置を占める。文学こそは「言」の淵藪《えんそう》であり、すなわち人間の精神の最も豊富な反映だからである。いかにも「古学」の目的は、「古道」を知るにあり、従って最も重要なのは「道」をしるした記紀二典である。しかし「二典の次には、万葉集をよく学ぶべし」、「これは歌の集なれども、道をしるに、甚だ緊要の書なり、殊によく学ぶべし」、「又伊勢源氏その外の、物語書どもをも、つねに見るべし」。何となれば、「すべて人は、雅《ミヤビ》の趣をしらでは有るべからず、これをしらざるは、物のあはれをしらず、心なき人なり、かくてそのみやびの趣をしることは、歌をよみ物語書などをよく見るにあり、然して古へ人のみやびたる情をしり、すべて古への雅《ミヤビ》たる世の有りさまを、よくしるは、これ古の道をしるべき階梯なり」だからである。

更にまた真に古人の「言」に徹し、従ってまた「心」に「事」に徹するには、単に古人の「言」を読むぐらいのことではいけない。みずからも古人の「言」を使って、歌を作らねばならぬ。それこそ古人の「心」に接する道である。「すべて万づの事、他のうへにて思ふと、みづからの事にて思ふとは、浅深の異なるものにて、他のうへの事は、いかほど深く思ふやうにても、みづからの事ほどふかくはしまぬ物なり」。つまり作歌ということは、創造の意欲を満足させる為にのみ存在するのではない。むしろ自己の歴史認識を完成する上に、必須の修練なのである。

私は右のような宣長の方法を、きわめて卓抜なものと思う。何となれば、歴史というものが過去を対象とする以上、それを把握する手がかりとして、もっとも確実なものが、言語であること、すなわち宣長の言葉でいえば、「言のさま」であることは、儼然たる事実であるからである。

とともに、かく「言のさま」を重視するのは、実に東洋の学問の伝統的な精神であるといい得る。日本の学問が、また中国の学問が、古人の書物を読むのを仕事とし、訓詁註釈の道を歩んで来たのは、まさにそのためであった。古人の言葉は、すなわち古人の精神の反映だからである。「都」（ああ）「兪」（しかり）「吁」（むむ）というような「書経」のなかの間投詞さえ、聖人の「至理」の反映ならぬはないという宋の朱子の言葉は、まさにそうした認識である。日本と中国とは、さまざまの点で差違をもつけれども、この点においては、一致する。或いはこの点においてこそ一致する。

ただ、こうした学問の意義を、宣長ほどはっきり説いた人を、私はほかに知らない。ひとり知らないばかりでなく、むしろ普通の認識では、「言」は、「事」を記載するが故に尊いとされる。記載する「言」が尊いのではなく、記載された「事」が尊いのであって、「言」はただ「事」を認識するための過程であり、手段であるにすぎないとされる。宣長も「言」のそうした手段としての面を、無視するわけではない。「なせりし事は、史に伝はれるを、その史も、言を以て記したれば、言の外ならず」というのは、そうした態度である。しかし宣長が「言」を尊ぶのは、「言」が「史」を記すからではない。少くともそのためばかりではない。「言」そのものが「史」であるからである。言語は事実を記載するゆえに尊いのではなく、言語そのものが事実なのである。これは古書を読むことを仕事として来た東洋の学問に、はっきりとした理論的根拠を与えたものといわねばならぬ。理論的根拠を与えたということは、いいかえれば、それが世界の学問の方法として存在し得べき理由を与えたということである。宣長の功績は世界的である。

ただ現代の日本人は、宣長がせっかく存在の理由を与えた方法を、ただしく守っているであろうか。史家は「事」をのみ求めるのに急であって、「言」もまた「事」であることを忘却しているようである。少くとも文学には恐ろしく冷淡である。その結果、最も「言」を重んずべき文学史家でさえ、作品の中の「事」を論ずるのに忙がしくて、「言」を論ずるのにはやぶさかである。作品の中に描かれた人生、それをあげつらうのには、熱心であるけれども、作品の文章には冷淡である。「言」のさまこそは、作家の「心」の最も直接な反映であることは、忘れられているのである。

また哲学者たちは、あまりにも「心」を求めるのにのみ忙しくはないか。「言」が「心」の反映であることを忘れているのではないか。逆にまた「言」の穿鑿《せんさく》にのみ忙がしい言語学者も同断である。「然るに世間の物学びする人々のやうを見渡すに、主《ムネ》と道を学ぶ輩は、おほくはたゞ漢流の議論理窟にのみかかづらひて、歌などよむをば、たゞあだ事のやうに思ひすてゝ、歌集などは、ひらきて見ん物ともせず、古人の雅情を、夢にもしらざるが故に、その主とするところの古の道をも、しることあたはず、かくのごとくにては、名のみ神道にて、たゞ外国の意のみなれば、実には道を学ぶといふものにはあらず」。

また古人の「言」を知るためには、みずからも歌をよめという宣長の主張は、まったく閑却されていいものであろうか。創造の意欲を満足させんが為に歌を作る人はある。しかし自己の歴史認識を完成せんがために歌を作る人はない。鎌倉時代を研究しようとして、新古今風の歌をよみ試みる人があってもよさそうに私は思う。しかし私は、そういう人のあるのを耳にしない。文学の神に仕え、創造の意欲を満足させることも、人生を完成する道であろう。しかし自己の歴史認識を完成することも、一つの人生の道である。その道を生きぬくためには、文学ぐらい冒瀆してもいいではないか。また英文学者、仏文学者は、日本語を書くことは上手であろう。しかし英語が、フランス語が、英国人に見せて恥かしくない程、またフランス人に見せて恥かしくない程、書ける人がどれだけあるか。中国学者また同断である。ということは、英語も、フランス語も、中国語も、実は充分に読めていないということである。それは更にいいかえれば、英国人の心も、フランス人の心も、中国人の心も、充分にわかっていないということである。それは更にもう一ついいかえれば、人間の心がわかっていないということである。人間の心を把握していない学問、それが何の役に立つのであろうか。

宣長が偉大な人物であることは、人の争って説くところである。しかしその偉大さは、本当にはまだわかっていないと思われる。そうして現代の日本人の歩みつつある方向は、必ずしも宣長の唱えた方向とは一致しないと思われる。宣長を偉大とするからには、その偉大さを本当に知るのでなければならぬ。それには今の日本人がもっと偉くならねばならぬと考える。

（一九四一年十月、「新風土」〔のち「支那について」秋田屋、一九四六年所収〕）

一冊の本——本居宣長「うひ山ぶみ」

一冊の本という課題が、その一冊を読むことによって、その人間一生の思想と実践とを左右したただ一冊の書物、あるいは他に卓越してそうである書物を意味するならば、私の場合、そうした書物は思い当らないというのが、正直な答えである。

原因を私の乱読の癖ばかりに求めるのは、謙遜にすぎ、不正直となるであろう。ただ一冊の本にのみ目をそそぎつづけることは、他の書物にむかって目をふさぎはしないか、そうした不安が、常に私にある。いくつかのことなった思想の方向、いくつかの文明の方向に対しても、おなじ態度である。これは生来の性癖でもあろうとともに、私のなれしたしんで来た儒学の方法、ことに中国のそれ、なかんずく清朝のそれが、私をそうさせるのである。学問の前提として、博覧、すなわち多読を、必須とする方法である。

儒学の古典である「五経」は、むろん私の尊重し、好むものである。「易」「書」「詩」「三礼」「春秋三伝」、いずれも中途半端な勉強であるけれども、五つのうちどれを特に愛好し、尊重するということはない。五経歳遍、五経を年ごとにあまねく読むというのが、私のなかなか果せない理想である。儒学の第二の古典である「四書」については、好悪がはたらく。「論語」は私の最も好む書の一つであるけれども、「孟子」は必ずしもそうでなく、「大学」

と「中庸」は、敬遠しがちである。

経書以外では、「史記」、「漢書」、「三国志」、「資治通鑑」、陶淵明、杜甫、蘇東坡、「朱子語類」、「水滸」、顧炎武、銭大昕、段玉裁、魯迅、みな私の好む書であり、著者である。しかし人生の終りに近づきながら、まだ全部を読んでいないものがある。清朝人の方法を、後生大事に守り通して来たために、あぶはち取らずの結果となりそうである。そもそも清朝的な方法を、身をもって私に教えられたのは、先師狩野直喜先生であった。先生の多読は、精読を伴っていたが、私は多読精読ともに、これまたあぶはち取らずに終りそうである。

それはそれとして、そうした方向へおまえをいざなったについては、先師の教えのほかに、何かそうした方法を説き示した書物があったであろう。それこそおまえにとって一冊の本でないか。そう問われるかも知れぬ。

そう問われても、やはり私の答えは渋る。少くとも中国人の著書では思い当らない。私の信頼する清儒の書も、博覧多読を黙黙と実践した効果だけを示し、方法そのものは、あまり語らぬ。

もし日本人の書ならば、私のいだくのとおなじ方法を、はっきり方法論として提示し、私を驚かせたものがある。本居宣長の「うひ山ぶみ」である。宣長が自分の学問の方法を弟子たちのために説いた小さな書物である。この書物と私との出あいが、戦時中の書物不足をおもな原因とする偶然の機会によること、またまず私を驚かせたのが、言語をもって単に事実伝達の手段と見ず、言語表現そのものが人間の事実であるとする説であったこと、同じようなことを当時の私はせっせと思いつめていたため、この学者に先を越されたかと、くやしさが先に立ったこと、それらを私はかつて別の文章に書いた。ここにはくりかえさない（「本居宣長」本書所収）。

「うひ山ぶみ」が私を喜ばせたまた一つの点は、その多読をよしとする説である。「古事記」は重要な書物であるけれども、「古事記」ばかり読んでいる人間の「古事記」の解釈は、偏頗《へんぱ》で偏狭であるといい、「古事記」を知るためにはまず「万葉」を読まねばならないが、といって「万葉」ばかりが歌でない。「古今」は一そう歌の盛り、「新古今」は更にいっそうの盛りといい、また外国書である漢籍をも大いに読めという説などである。

以来、私は宣長の他の著作をも読みふけった。動詞＋の＋名詞という形は、純粋な日本語でないという説を、「古事記伝」で読んだのは、一億決起すべきの秋でありますなどと、将軍たちがラジオで叫びつづけるころであった。子を失った父よりも母の方がとりみだす、とりみだす方が真実であり、詩歌の真実もめめしさにあるという説を、「石上私淑言《いそのかみささめごと》」で読んだのは、中国での戦争がたけなわなころであった。文学を教訓的価値で判断するのは、桜の木を薪にするようなものという説は、「源氏物語玉《たま》の小櫛《おぐし》」に見えた。当時の私を慰めてくれたのは、「五経」とともに、宣長であった。きっかけは「うひ山ぶみ」にある。その意味での一冊の本であるかも知れない。

（一九六三年文化の日、「朝日新聞」〈のち「短長亭集」筑摩書房、一九六四年所収〉）

学問のかたち

伊藤仁斎（一六二七―一七〇五年）荻生徂徠（一六六六―一七二八年）伊藤東涯（一六七〇―一七三六年）を生んだわが元禄享保期の儒学と、戴震（一七二三―七七年）段玉裁（一七三五―一八一五年）王念孫（一七四四―一八三二年）を生んだ清朝の乾隆嘉慶期の儒学とは、その動機と方法に於いて、きわめて類似したものを、もっている。

すなわち両者は共に儒学の古典である経書の解釈学としてあるものであるが、いずれもそれまでの宋明の儒者の経書解釈が、或いは恣意に流れたことを反省し、その是正を動機として起ったものである。またその方法としては、いずれも古代言語の使用例を帰納綜合し、そうした知識の上に立ちつつ、経書をその本来の意味にかえって読むことを、方法とする。

更にまた方法の相似は、わが国に於ける古学派の儒学が、一転して賀茂真淵（一六九七―一七六九年）本居宣長（一七三〇―一八〇一年）の国学となるに及んで、一層近接する。真淵の弟子である宣長は、戴震の弟子である段玉裁よりも、五年早く生まれているが、この二組の師弟は、ほぼ同じ時間にべつべつの国土に於いて、同じような学問を発展させているのであって、ひとり師弟の情誼のうるわしさに於いて、並行線をえがくばかりでなく、段玉裁の方法は、ほぼすなわち宣長の方法である。またもし弟子である宣長と段玉裁は、師匠である真淵と戴震の方法を、それぞれに発展させているとするならば、それも学術史の段階として、同じ個所に位置する並行線のように思われる。恰《あた》かもそれは人間の生活が、それぞれに孤立した風土においても、同じ発展の経過をたどることを立証するが如くであり、また世界全体が、この時期にいたって、近世の覚醒に達したことを、示すが如くである。

うち儒学の覚醒は、わが国の方がかえって彼よりも早く、伊藤仁斎の「語孟字義」と、戴震の「孟子字義疏証」とは、期せずして、酷似した体裁、酷似した内容である。たとえば伊藤仁斎が、

宋儒以為《おもえ》らく、一つの理の字、以って天下の事を尽くす可しと。殊に知らず、天下には理の外なる物無しと雖《いえど》も、然れども一の理の字を以って天下の事を断ず可からざることを。学者、一つの理の字に拠《よ》りて、以って天下の事を断ず。議論聞く可くして、之れを実に求むるときは、則ち其の悉く中《あた》ることを得ず矣。故に凡《およ》そ事、専ら理に依りて断決するときは、残忍刻薄の心勝ちて、寛裕仁厚の心寡《すくな》し。上の徳菲《ひ》薄《はく》にして、下必ず傷損し、人も亦た心服せず。予、通鑑《つがん》纂要《さんよう》等の書を見るに、其の人物を評隲《ひょうしつ》する、善を善とし悪を悪として、一毫《ごう》も仮借せず。厳なりと謂いつ可し矣。然れども断決深刻にして、古今に全人無し。殆んど申韓刑名《しんかんけいめい》の気象ありて、聖人涵容《かんよう》の意味無し。己《おのれ》を持すること甚だ堅く、人を責むること甚だ深うして、肺腑に浸淫し、骨髄に透浹《とうしょう》して、卒《つい》に刻

薄の流と為る。専ら理の字を主張するの弊、一に此《ここ》に至る。悲しい夫《かな》。（童子問）

というのに対し、戴震が、

而《しこ》うして其の責むるに理を以ってするに及びては、世に曠《まれ》なる高き節《みさお》を挙げ、そを義に著わして之れを罪するを難《はば》からず。尊者の理を以って卑しきものを責め、長者の理を以って幼きものを責め、貴者の理を以って賤しきものを責むるときには、失《たが》えりと雖も之れを順と謂《い》い、卑者賤者幼者の理を以って争うときには、得《かな》えりと雖も之れを逆と謂う。是《ここ》に於いて下の人は、天下の同じき情、天下の同じく欲する所《もの》を以って、上に達する能わず。上は理を以って其の下を責む。而《か》くて下に在るものの罪は、人人指数するに勝《た》えず。人の法に死するものは、猶《な》お之れを憐む者有り、理に死せるものは、其れ誰か之れを憐まんや。嗚呼《ああ》、老釈の言を雑《まじ》えて以って言を為《た》つれば、其の禍の中韓よりも甚しきこと、是《か》くの如き也。

というのなど、論ここに至るまでの径路には、多少の差異はあっても、言葉のはしはしまでが、酷似する。

ところで、伊藤仁斎が「語孟字義」の自序を書いた天和三年すなわち一六八三年は、戴震の年譜が、その「孟子字義疏証」完成の年とする乾隆三十一年すなわち一七六六年よりも、八十三年前である。また荻生徂徠の弟子、山井鼎《やまのいかなえ》の著わした「七経孟子考文」に、徂徠が序文を書いたのは、享保十一年すなわち一七二六年であるが、山井の書物が中国に伝わって、それが刺戟となり、また重要な資料となって、阮元《げんげん》の「十三経注疏校勘記」が、段玉裁の協力の下に、世に出たのは、それより八十年後の嘉慶《かけい》十一年すなわち一八〇六年であった。いずれもわが国の学者の方が、同じ問題を百年ばかり前にとりあつかっているわけである。もっとも、かく儒学の覚醒は、わが国の方が、早かったとはいえ、その結果において、少くとも中国の古語の解釈において、彼に劣るところがあるのは、やむを得ない。

かく一二世紀前の日華両国の学術は、きわめて相似た形貌を呈する。しかしながら、両者の間には、差違がないではない。顕著な差違の一つとして、次のようなことがみとめられる。すなわちわが国の儒者には、伊藤仁斎に「語孟字義」「童子問」があり、荻生徂徠に「弁道」「弁名」があり、伊藤東涯に「訓幼字義」「鄒魯大旨《すうろたいし》」があるというふうに、古典を媒介として得たその世界観なり人間観の全貌を、集約的に語った書物を、それぞれに残している。賀茂真淵の「国意考」その他、本居宣長の「直毘霊《なおびのみたま》」「初山踏《ういやまぶみ》」その他も、そうした書物といわねばならぬ。つまり儒者も国学者も、その学問を簡単な言葉に凝集させた著書を、なんらかの形で、書き残している。これは中国の学者のあまりしないことである。

もっとも、日本の学者も、それらの書物を、自分の業績の中心的なものとして考えていたかどうかは、疑問である。仁斎みずからが最もおもんじたのは、「論語」と「孟子」を逐条に解釈した「論語古義」と「孟子古義」であり、総論的な「語孟字義一篇」は、「諸《これ》を二書古義の後に附した」に過ぎぬ。また「童子問」に至っては、その名の示す如く、もとより「大方《たいほう》に告ぐる所以《ゆえん》」ではなかった。徂徠もみずからの精髄はやはり「論語」の逐条的な解釈である「論語徴」二十巻にありとし、人が「弁道」や「弁名」ばかり読むのをよろこばなかったであろう。また宣長に至っては、ついこのあいだまでの宣長ばやりが、「直毘霊」「初山踏」の類ばかりをかつぎまわり、かんじんの「古事記伝」は、数葉にして巻をなげうつのを、にがにがしく思っているに相違ない。何となれば、これらの学者は、すぐれた実証主義者であり、個個の事実を丹念に熟視することによってのみ、個個の事実をつらねつつ、その背後にひろがるものは、把握されることを確信し、そうした確信の上に立って、ものを書いた人たちだからである。個体を説くものにこそ、全体についての考えは照射されているのであり、全体を全体として説いたものは、むしろ糟粕としたであろう。

しかし、これら日本の学者は、個個の事実の究明に精魂を傾けるとともに、それらを連ねる背後のものについて、何がしか集約的な叙述をとどめていることも、事実である。そうして、そうした著述のなかには、おおむねその人の学問観、従ってまたその人の学問の方法論が、みずからによって説かれている。宣長の「初山踏」は、その代表である。

ところが、清朝の学者は、むしろそうでない。段玉裁、王念孫に、そうした集約的な文字を留めているのは、戴震の「孟子字義疏証」ぐらいのものである。段玉裁の「説文解字注《せつもんかいじちゅう》」は、「説文」の九千三百五十三文について、一字一字、その語源と意義と音声の様相とを、快刀乱麻を断つが如く、しかしこの派の人としては最も熱情をはらんだ筆で、解説してゆくだけであり、王念孫の「広雅《こうが》疏証《そしょう》」は、「広雅」という古い辞書の一条一条に対し、的確な解説を施すだけである。

しかし、これら清朝の儒者たちが、個個の事実をつらねるものについて、何等かの凝集を得ていなかったかといえば、そうは考えられぬ。古語を解明し、或いは伝承の真偽を決定する際に、示される推理の確かさと、判断の強靭さとは、世界のさま、人間のさま、少くとも後者については、的確なまとまった認識をもっており、そうした認識から照射されたものであることを、十分に予想させる。ただ著者自身は、それをまとまった形では語りたがらぬのであり、個個の事実の説明に托して、閃光のように、ひらめかせ、ほのめかすに過ぎぬ。段玉裁のひらめかせ方は、なお最もあらわである。王念孫に至っては、最も隠微であって、「広雅疏証」の一条一条の解説は、その的確さにおいて無比であると共に、そのそっけなさにおいても無比であって、ほとんど現代の最も無味乾燥な自然科学書を読むような、冷静な、慎重な、感じである。

またこれらの人人は、みずからの方法についても、あまり多くを語りたがらぬ。このことは、清朝学術史の説述を甚だ困難にしているのであって、たとえば、段玉裁がいう「双声《そうせい》」なる概念は、中国の音韻学で普通にいう「双声」の概念とは、異なったものであり、「説文解字注」の読者を当惑させて来たものであるが、それが特殊な理論の上に立つものであることは、近時、倉石武四郎博士が、「説文解字注」のあちこちに散見する断片的な言葉から、帰納的に研究された結果、始めて明らかになったようなのは、その一例である。

同じようなことが、更に顕著にいえるのは、銭大昕《せんたいぎん》（一七二八―一八〇四年）である。銭氏は、戴氏段氏王氏と、学力匹敵し、生存の時を同じくした、いわゆる「漢学」の巨擘《きょはく》の一人であるが、他の諸家の研究が主として「小学」、すなわち古代言語学の方向に伸びたのに反し、銭氏の研究は、史学を中心とする。その主著は、「廿二史考異」であって、中国の二十二の正史の中から、主として事実の真相を失したと判定される記事をとり出し、それに考正を加えた札記の体裁である。そのため、この人は往往にして、瑣細な考証家と誤認されやすいけれども、実はそうでないのであって、その推理と判断の的確さは、中国史全体にわたる広汎な知識と、一貫した史観との存在を、やはり必然に予想させる。しかし銭氏は、その国の通史を書き直してはいない。またその史観を集約的に記録した書物をも残していない。狩野君山先生からうけたまわったところによれば、「廿二史考異」は、わが那珂通世《なかみちよ》博士の愛読の書であったそうであり、那珂博士の名著「支那通史」には、銭氏の学問が、少からぬ影響と貢献とをしているに相違ない。しかし銭氏自身は「支那通史」を書きもせず、また書こうともしなかった。

以上のことは、要約していえば、日本の学者は、その学問を、みずからの一生のなかにおいて、一つの凝集に達せさせることを、より多く希望し、或いはまたそれを学者の責務と感じやすいに反し、中国の学者は必ずしも然らぬということに、なると思われる。

しからば、中国の学者は、そうした希望なり責務を感じないのかといえば、そうはいえぬ。彼の国に於いても、学問の任務が、集約的な凝集への到達にあったことは、「下学而上達」という「論語」の言葉、また「読書明理」という言葉が、よく示すところである。ただその責務を果たすについての感じ方が、必ずしも同じでないのであって、日本の学者は、それを個人の責務としやすいのに反し、彼の国の学者は、むしろそれを社会全体の責務、乃至は人類全体の責務にゆだね、責務の完全な遂行を、より多く将来の学界の継承に待つのであると、私は解したい。

こうした二つの学問のかたち、それはおたがいに一長一短である。日本では学問が早く凝集するかわりに、つぎつぎにあわただしく流れ去り、中国では、学問がなかなか凝集しない。共にその短所である。また集約的な叙述の存在は、初学者には便利であって、宣長の「初山踏」、東涯の「訓幼字義」などは、もっぱら初学者の為に書かれている。かく初学者に冷淡でない点に、過去の日本の学問のヒューマニズムはあったといえるであろうし、責任を社会全般に期待するところに、過去の中国の学問のヒューマニズムはあったと、いえるであろう。

ただしかしその流弊、すなわち一般に対する弊害は、或いは中国風の学問の方が、すくないのではあるまいか。いかにも仁斎が「語孟字義」を書き、徂徠が「弁道」「弁名」を書き、東涯が「訓幼字義」を書き、宣長が「直毘霊」「初山踏」を書くという風に、強力な学者の場合は、それでよろしい。しかし、それぞれの個人が、その学問をその一生のうちに完成しなければならぬとする意識は、それほどに強力でない学者にも、終点への焦慮をかり立て、主観的な粗雑な議論、すなわち仁斎や戴震のいわゆる「意見」を、しばしば提出させることになる。これに対し、中国風の態度は、それほど強力でない学者にも、それぞれ分に応じた貢献をする余地を与え、いくつかの事実について落ちついた究明を進めさせるという可能性をもつ。それは学界一般の水準を精緻にする道でもある。仁斎、徂徠の儒学が、哲学の体系としてはともかく、経書の解釈において、清朝の儒学ほどの精緻さを欠くのは、自国語でないというハンディキャップを除いても、なおほかに原因があるであろう。

私がかくいうのは、単に過去を語らんがためばかりではない。近ごろ、自然科学の振興がしきりに叫ばれながら、そのわりあいに成績があがらぬのは、わが国人の学問に対する考え方に、何か欠陥があるのではないか。個人の能力への過度の信頼は、たとい善意に出るにしても、必ずしも学問に幸福ばかりをもたらすまい。現代の精緻な自然科学に於いて必要なものは、チーム・ウォークである。しかるに学問は個人のものという考えからぬけ切らないことが、意識的無意識的にチーム・ウォークをはばんでいるということはないか。また世人は、自然科学にだけ、チーム・ウォークの必要を説くけれども、これからの文化科学は、やはり大いにチーム・ウォークを必要とする。しかし学界の気風は、まだ必ずしも、それに沿わない。

ところで、チーム・ウォークの困難は、過去の中国でも同様であった。清朝の漢学においても、江戸の儒学、国学におけると同じく、そこには党派的な感情は存在しても、一つのすぐれた学説が、多くの有能な理解者を吸収し、学派として持続したことは、むしろ稀なように見うけられる。宣長が真淵を祖述し、段玉裁と王念孫が戴震の学問を大成したのは、むしろ例外であった。徂徠は要するに一代学者であり、宣長の学問は、平田篤胤に至って、はやまったく変貌している。銭大昕、段玉裁にいたっては、一向これというよい弟子をもたぬし、また世を隔てた学者も、いたずらにその盛業を讃仰するだけで、私淑の弟子として、その著述を精細に読む熱心には、案外乏しかったようである。また仁斎の学問は子の東涯によって祖述され、王念孫の学問は子の王引之《おういんし》によって祖述されたけれども、かく家族の祖述にまたねばならないということが、すなわち学派成立の困難をもの語る。またその祖述も、東涯ののち、王引之ののちは、寂寥である。

かく学派が成立しにくい原因、乃至は成立しても永続しにくい原因は、日華それぞれに事情を異にするようであって、日本では一つのテーゼが出ると、あまりにも軽卒にアンティ・テーゼが、悪意をともなってとび出し、中国では、将来に対する期待が、あまりにも漠然とした、散漫なものであるために、テーゼは出たままで、しぼんでしまう。いずれにしても、学問の基盤としての過去の東洋の社会は、それぞれに欠点をもっていた。段玉裁は、その晩年の手紙に於いて、適当な協力者の得がたいことを、痛嘆している。また宣長が、「初山踏」の冒頭の条に、

学びやうの次第も一《ト》わたりの理によりて、云々《シカく》してよろしと、さして教へんは、やすきことなれども、そのさして教へたる如くにして、果してよきものならんや、又思ひの外にさてはあしき物ならんや、実にはしりがたきことなれば、これもしひては定めがた

きわざにて、実はたゞ其人の心まかせにしてよき也、
というのは、達人の言でもあるとともに、おのれの学問の真の理解者を得がたいうらみを
も、或いは含んでいるのではあるまいか。
ヨーロッパは、更にはアメリカは、恐らくそうでないであろう。その点については、西洋
の学問の情勢に明るい人人に、よくききただしたい。またここに述べた範囲のことも、充分
に意をつくしたとはいいがたいが、わが国の学問の将来について憂いを担う人人に、私のい
おうとするところだけは、理解して頂けたと信ずる。

一九四六年紀元節。

（「世界」〔第五号、一九四六年五月、のち「学問のかたち」養徳社、一九
四八年所収〕）

中京の二学者——河村秀根と岡田挺之と

私は名古屋の歴史については、ほとんど何ごとも知らぬ。織豊二氏勃興の地に近いが、それらと名古屋との関係を知らぬ。徳川義直の封地となって以来、歴代の藩侯の事跡についても、何ごとも知らぬ。ただその地の人として、はなはだ想うべき学者の名二つを、あげることができる。あえて名二つというのは、その二人とても、その平生を詳しくきわめたわけではなく、その著述の一端を見て、はなはだ想うべき人物であると、ひそかに定めたにすぎぬ。

一人は「日本書紀」の学者であり、「書紀《しょき》集解《しゅうげ》」の著者である河村秀根《かわむらひでね》である。江戸時代の中ごろ、享保八年、一七二三年に生まれ、寛政四年、一七九二年に、七十歳でなくなっている。「書紀」は私の専門とする書ではないけれども、十数年前いささか興味をもって、その諸注釈を読みくらべて見たことがある。「書紀」という書物は、もとより漢文で書かれている。それを注釈するには、漢土の書に対する深い造詣がなければならぬ。造詣の最も深いのは、ほかならぬ秀根の「集解」であるように、印象された。同時の著作として、おとなりの津の谷川士清《たにかわことすが》に、「日本書紀通証」がある。これもたいへん着実な著述であり、「書紀」のうち国語学として問題のある部分については、谷川の方がすぐれているかも知れない。しかし漢語の注釈は、秀根の書の方がすぐれているように見うけられた。「書紀」の漢文が模範とした中国の文体は、「史記」や「漢書」など、人人がよく読む普通の中国の史書ではなく、「晋書」「宋書」「南斉書」など、あまり人の読まない、六朝時代の史書であるが、秀根は実にそれらをよく読んで、こくめいに「書紀」の用語の出典をさがしあてている。いわゆる日本精神の発揚という点では、あき足らぬ点があるかも知れない。しかし「日本書紀」が不朽の書である限り、秀根の書も不朽であることを、私はかたく信ずる。

いま一人は、岡田挺之《おかだていし》、号は新川《しんせん》先生である。秀根よりは十四年のち、元文二年、一七三七年に生まれ、秀根よりは七年のち、寛政十一年、一七九九年、六十四歳でなくなっている。「群書治要」という中国の古書で、中国では早くほろび日本にのみ伝わっているのを、天明五年、一七八五年、尾張藩が刊行したとき、細井徳民らとともに、その校正にあずかっている。そうして、この書物のなかから、「孝経」の古い注で、漢の鄭玄《じょうげん》の注といわれるもの、それも中国では早くなくなったものであるが、それを丹念に抽出し、別に一冊として刊行したのが、中国に伝わって、むこうの学界をおどろかせ、七年後には、むこうで覆刻本が出た。寛政癸丑之秋尾張岡田挺之識、という跋語も、書林片野東四郎梓、という奥書も、そのまま覆刻されている。

江戸時代は、人人のよく知るように、大へん漢学の盛んな時代であった。しかしその業績がむこうへ伝わり、むこうの学界に影響を与えたという事例は、たいへん稀である。挺之はその稀な事例を作った一人である。そのほか挺之の著書として私の見たものは、「常語藪《じょうごそう》」二巻、「物数称謂《ぶっすうしょうい》」一巻、いずれも細心な著述であって、前者は、利潤とか利息とか旅宿とか律儀とか、ごく普通に使われているために純粋な国語と思われている語が、実はやはり漢土の書にもとづくことを、一一に考証し、後者は、刀には一口といい、弓には一張といい、車には一両といい、牛には一頭というように、物をかぞえる言葉を、これはもっぱら漢語について考証したものである。

私が河村秀根、岡田挺之という十八世紀の二人の学者について知るところは、以上にとどまる。しかし以上のことだけで、この二人の名古屋人が、実証精神にとんだ科学的な文献学者であったことを、想見するに充分である。

私は、終戦後、名古屋をおとずれる機会が二度あり、大学の先生たちに、二人のより詳しい事跡について教えをこうたけれども、満足な答えを得られなかったことを遺憾に思う。秀根については阿部秋生氏による伝記があるけれども、なお不充分なようである。

郷の先輩は、大切にすべきである。いくつか名古屋にある大学のどれかには、名古屋の過去の学問についての講座、いわば名古屋学とも名づくべき講座が、おかれてよいのではないか。大学自身に金がなければ、土地の有力者は、その基金を寄付してもよいのではないか。

名古屋がほこるべき古典の大文庫、蓬左文庫、すなわち旧尾張藩の文庫も、市の所管となったことは結構であるけれども、必ずしも充分な予算では運営されていないように、見うける。やはり私の関心事の一つである。

（一九五六年四月十八日、「中部日本新聞」〔のち「閑情の賦」筑摩書房、一九五七年所収〕）

「息軒先生遺文続編」の序

息軒《そくけん》先生安井衡《やすいこう》が、はなはだすぐれた学者であること、或いは今すこしくくわしくいえば、江戸時代の漢学者のうち、もっともすぐれた一人であることは、その主著の一つである「管子纂詁《かんしさんこ》」が、今に至るまで、「管子」の注釈書のもっともすぐれたものとして、ひとり日本のみならず、中国においても、尊敬され、読みつづけられていることによって、何よりも示される。江戸時代の漢学は、人材雲の如く林の如く、日本学術史の上における一偉観であるが、息軒の如き栄誉をもちつづける学者は、稀である。

息軒は、「管子纂詁」「左伝輯釈《さでんしゅうしゃく》」などの専著のほか、江戸時代漢学者の常として、多くの雑文を書いているが、それらはその腹笥《ふくし》万巻《ばんかん》の学養を反映するものとして、わが国儒流の漢文のうち、気息もっとも正しいものの一つとされる。その没後間もなく、明治十一年に刊行された「息軒遺稿」四巻は、そのさいしょの輯録であるが、遺珠はなお人間《じんかん》に多かったのを、勤勤として掇拾《てつしゅう》したのが、宮崎大学黒江《くろえ》一郎《いちろう》助教授編するところの「息軒先生遺文集」四巻〔安井息軒先生顕彰会、一九五四年、続編、一九五六年〕であって、昭和二十九年に刊行を見た。ところで黒江君は、その後も掇拾の業につとめ、左右逢原、裒然《ぼうぜん》として更に数十首を得た。すなわち本書である。まことに先徳の幽光を発するものといわねばならない。

息軒の学が、外にしては清儒考証の学の影響により、内にしてはその師松崎慊堂《まつざきこうどう》の提撕《ていせい》によって、宋儒風の主観と独断をしりぞけ、実事求是、正確な訓詁によって、儒家古経典の原義をあきらかにするにあったことは、今さらいうまでもないが、その学問的主張の一斑は、これらの雑文の中にも現れている。こころみにその一二をいえば、「衣笠仲敬を送る序」にはいう、末学の弊に至っては、則ち又た甚し焉。其の書は則ち末抄、其の事は則ち議論、治道は講ぜず、制度は考えず、経に熟して以って其の義を融《あき》らかにする能わず、朝夕に剖析《ぼうせき》する所は、性理気質の弁に過ぎず、其の言は益ます高くして、其の道を去ること益ます遠し。刻薄の言は胸臆《きょうおく》に塞《み》つ。

宋学の末流のおちいりやすい刻薄の見、つまり褊狭《へんきょう》なリゴリズムは、息軒の喜ぶところで、もとよりなかったのである。

また「元版伝燈録の跋」には、書の旧刻を尊ぶ所以《ゆえん》を概論していう、蓋し古本といえども未まだ必ずしも訛誤《かご》無くんばあらず。然れども其の訛《あやま》りは無心に出で、熟読細玩《さいがん》すれば、其の意は躍然として出でん矣。輓近《ばんきん》の刊本に至りては、則ち妄意に竄改《そかい》す。文義は通ず可きが如きも、古意は蕩然《とうぜん》として、終《つい》に読む可からず。

古人の真精神をとらえようとして、古書を忠実に読もうとし、つぶさに其の中の甘苦をなめたものでなければ、この言をなし得ないであろう。

といって息軒は、単なる書物の虫であったのではない。いわゆる治道をも講ぜんとする人であった。当時の治道として最も重要な問題は、その武力によって、わが国、乃至はアジアの諸国をおびやかしつつあった十九世紀西洋の勢力であり、息軒が「管子纂詁」を著したのも、それに対する憂いを一つの動機とすると、その自序にいうが、本書に収めた「兵学小識の序」「泰西兵鑑の序」も、西洋に対する息軒の対策をのべたものであって、その要旨は、みだりに彼を恐れてはならぬ、とともにみだりに彼をあなどってはならぬ、彼を知ることこそ、彼に対処する方法である、というに帰する。つまり息軒は、空想的な攘夷論者とは、撰を異にしたのである。なお息軒は、西洋の他の点に対しては相当批判的であるが、コペルニクスの地動説には率先して賛同したこと、明治刊行の「息軒遺稿」に見える。

更にまたこの書の「洋熕図《ようこうず》に題す」、つまり洋式大砲の図の上にかきしるした文章にはいう、戦は逆徳であり、古の聖人は已《や》むを得ずして之れを用いた、兵法が火攻を下策とするのもそのためであって、戦争の惨虐、火攻にまさるものはないからである。ところで今の洋砲は、火攻の中でも惨の又た惨なるものである、と。仁人の言といわねばならない。

しかしこの書のなかで、最も興味ある文字は、二篇の長文の紀行である。うち安政三年、五十八歳にして病を治すため、伊加保の温泉に遊んだ二十三日間の紀行が、「洗痾日乗《せんあにちじょう》」であって、八月十一日、江戸をたつて、揚尾駅に宿した日の、雲助の描写が、まず人の頤《おとがい》を解く。いわく、此の日三たび轎夫《きょうふ》を易《か》う、皆裸体なり、自ずから称すらく、貧にして裸なるに至らずば、我が業售《う》れずと。

ところがそのあくる日、雲助がやって来ていうには、三歩で、伊加保までお伴しやしょう。旦那も楽なら、あっしも着物が買えます。三方の金を賜わらば、輿送《よそう》して彼に達せん。

官人も既に玉趾《ぎょくし》に塗《どろ》するを免れ、奴も亦た弊衣を買いて以って体を掩《おお》わん。息軒は、着物をきちゃ、お前たちの商売がすたるはずだが、と皮肉をいった上、その請をゆるし、且つ議論をつけていう、此の輩は体力強壮、性また慧黠《けいかつ》なり、賈《こ》たる可く農たる可きに、怠惰放縦、身を流氓《りゅうぼう》に陥らせ、終には溝壑《こうがく》に転ずることを免れず、憫れむべし。またいう、抑《そもそ》も世の吏と為れる者は、独り租を責め賦を斂《おさ》むるをのみ知りて、教導して以って之れを化すること能わず、寧《な》んぞ独り其の罪ならん哉《や》。

その他、道中および伊加保到着後の、人事と風光の描写、みな精細をきわめる。けだし清朝の儒学が輸入されて以後、文学としての漢文も、粗大な性理気質の談を去って、写し難き景を写して、目前に溢れしむることを、志向するに至るが、考証学の巨擘《きょはく》息軒もまた、その学術と文章とを即応せしめんとしたのである。

ところでこの旅行は、温泉に浴するとともに、妙義金洞の勝を探ることを、又一つの目的としたが、たまたま江戸大風水害の報が伝わり、君侯の藩邸と家族の身の上を案ずる息軒は、しばらくの熟慮ののち、我れ寧《む》しろ煙霞の罪人と為るとも、一夕の故を以って、終身の恨みを抱く能わざる也、と決断し、妙義の遊を思いあきらめ、悤惶《そうこう》として江戸に帰る。

いま一つの紀行文は、安政六年、六十一歳、日光の川俣温泉に遊んだ際の、「江山余情《こうざんよじょう》」であり、その日光廟を叙述した長い一段は、文筆ことにすぐれるが、未完の篇であるごとく見えるのが、おしまれる。

以上、黒江君から示された校正刷を読んで、感じ得たことの二三を記した。最後に更に一つのことをのべたい。

終戦後、各府県にあまねく大学が設置されたことは、深く慶賀すべきことがらである。各地の大学は、現在の日本の学界、乃至は世界の学界が共通の課題とするところに、努力を傾注すべきこと勿論であるけれども、同時にまた、各地方はそれぞれ独特の文化を、過去の伝統につらなりつつ、もっている。その研究は、その土地の大学でなければなし能わぬものが多いのであって、或いはその任務であるとさえいえるであろう。

ところで各地の過去の文化事象として重要なのは、その土地の、もしくはその土地出身者の学問の歴史であり、各地各藩の儒学の歴史は、そのまた重要なものである。江戸時代における合理主義的思考のにない手、それは実に儒者たちであった。単に地動説を信じた息軒ばかりではない。これらの儒者たちが合理主義的な基盤をあらかじめ作っておいたことが、明治になって西洋的な合理主義の受け入れを容易にしたことは、争えぬ事実である。しからばそれは今日に連ならぬ問題ではなくして、むしろ今日に連なる問題であり、今日のわれわれの位置を理解するために必要な問題である。

私はこの意味において、黒江君の息軒に関する研究に、深い敬意を表するものであり、それが、他の各地の大学における同種の研究のさきがけとなることを、ひそかに期待し希望している。

（一九五六年九月〔「息軒先生遺文集」続編、黒江一郎編纂註解、安井息軒先生顕彰会、のち「閑情の賦」筑摩書房、一九五七年所収〕）

解説

小島　毅

1

吉川幸次郎（一九〇四―一九八〇年）は昭和を代表する中国文学研究者のひとりである。学界において国際的に高名だっただけでなく、広く一般社会に向けて多くの著作や講演を発信し、中国文学の魅力を伝えるのに貢献した。一九六九年には文化功労者に選ばれている。『吉川幸次郎全集』は一九六八年に筑摩書房から刊行が始まり、一九七〇年に全二十巻でいったん完結したのち、「増補版」全二十四巻を経て、没後全二十七巻の「決定版」が作られている。

吉川は神戸に生まれ、第三高等学校から京都帝国大学へという、関西で勉学優秀な少年が歩む王道を進み、大学では「支那文学」（当時の呼称）を学んだ。一九二八年から三年間、北京（当時の正式な名称は北平）に留学する。帰国後は東方文化学院や京都大学に在籍し、研究・教育・著述の歳月を重ねた。一九四八年に『元雑劇研究』（岩波書店）を刊行しているが、これは学位論文でもある。十三―十四世紀のモンゴル帝国統治下では戯曲が発展を遂げて「元曲」と呼ばれ、伝統的な古典詩文とは異なる文体と語彙で書かれた。吉川は丹念・精緻な分析によってその特徴を明らかにしており、初期の代表作といえよう。

その後は唐宋の詩とりわけ杜甫の研究を行いつつ、その成果を一般読者向けに平易に説いたり訳したりしている。他にも幅広い著作があるが、文学ならぬ思想研究者である私としては次の二つの業績に触れておきたい。

ひとつは『論語』についてである。吉川は朝日新聞社の中国古典選（のちの文庫版で全三十八巻）の監修をつとめており、彼自身は『論語』上下二巻（一九五九―一九六三年。のち角川ソフィア文庫、二〇二〇年）を担当している。『孟子』や『老子』・『荘子』といった思想系の他の古典はそれぞれ中国哲学の専家に任せているなかで、『論語』を中国文学研究者が担当しているのは異色である。もっとも、『論語』については文学研究者、特に京大系の研究者たちがその後も倉石武四郎（筑摩書房刊の世界文学大系所収、一九六八年）や井波律子（岩波書店刊、二〇一六年）のように現代語訳を出しており、これが「伝統」になっている観がある。

中国古典選の『論語』が異色なのは、もう一点、その内容である。これは単なる現代語訳ではない。『論語』の現代語訳と称するものは何十種と出版されている（しかも、なかには専門家による現代語訳をもとにさらなる現代語訳をしたという珍書もある）が、吉川のこの本は厳密には現代語訳ではない。『論語』の代表的な注釈書の所説を紹介したうえで彼の断案を提示する形態をとっているのだ。つまり、読者に対して「なぜそう訳すのか」の根拠がきちんと示されているわけである。これは古典翻訳のあるべき姿だと私は思う。主として引照されるのは代表的な四つ、何晏《かあん》・朱熹《しゅき》（朱子）・伊藤仁斎・荻生徂徠による注解で、本書『古典について』で、「愛読、というよりもむしろ愛用している」（一三四ページ）と書いている『論語徴集覧』に並べて載せているものである。

なお倉石武四郎は朱熹の解釈を忠実になぞるかたちで訳文を作成しており、吉川のやりかたと好一対をなす。『論語』に関心ある方には吉川・倉石両者のものを読み比べてみることをお薦めする。

ふたつめは『尚書正義』についてである。『尚書』（『書経』）は五経のひとつで、太古の堯・舜から周代にいたる聖王・賢相たちの事績の記録、『尚書正義』とは『尚書』の注解として七世紀に孔穎達《くようだつ》らが編纂した書物である。『尚書』には難解な文章が多いため膨大な分量の注釈が必要で、冒頭の「曰若稽古《えつじゃくけいこ》」四字の説明に数万字を費やすほどだった。『尚書正義』は孔安国《こうあんこく》という学者が『尚書』につけた注（とされるが実は後世の贋作）をふまえて作成されたもの（専門用語で疏という）であり、吉川はその全文を丁寧な現代日本語に訳出した（全四巻、岩波書店、一九四〇―一九四三年）。

疏は、経文および注の語句・文章を解説することを目的とする。したがって普通イメージされている漢文のような修辞的技巧や音楽的躍動感に欠ける。論理は通っているはず（そうでなければ目的を達成できない）だけれども、その論理たるや複雑に入り組んでおり、他の経典やそれらの注解が証拠資料として多数引用されるので、文意が通りかつ読みやすい日本語に置き換えるのは難しい。ところが吉川はこれを見事に成し遂げている。およそこのたぐいの書物（日本で書かれた和文系のものも含めて）の現代語訳の模範となるべき作品である。さきほどの『論語』に比べると遥かに難解で専門的だが、興味を持たれたらこれもぜひご覧いただきたい。

京都大学を定年退官した後の一九七〇年代になると、吉川は一方では杜甫の詩の訳注作業、他方では江戸時代の思想文化についての考察を進めていく。そして、一九八〇年四月八日、七十六歳で逝去した。私はこのとき高校三年生で、彼の訃報を新聞で知ると学校の職員室に漢文の恩師を訪ね、「吉川幸次郎が亡くなりましたね」と言った記憶が残っている。

2

本書『古典について』は一九六六年に筑摩叢書として刊行され、一九八五年に復刊されている。目次をご覧になれば明らかなように、三部構成をとる。

第一部は「古典について」と題し、そのまま本書の書名となったもの。ただし副題が「あるいは明治について」となっているように、明治時代に古典の学が衰退したことを嘆く内容である。冒頭「私は一九〇四年の生まれである」（一〇ページ）と始まり、まず自伝のかたちを借りて彼が属する世代の古典経験が綴られる。

吉川は明治を「偉大な時代」だとしながらも、その「きめの荒さ」を示す象徴的事例として「『万葉集』の一方的な尊重、またそれと反比例して、『古今集』の一方的な軽視」を挙げる（一八―一九ページ）。『古今和歌集』には「推移の悲哀」すなわち「時間の流れの上にうかびのっかった存在として人間を見る感情」（二三ページ）がある。だが、『万葉集』にはまだそれが無い。後者を優越させたことは「学術の文章の美しさが、明治に至って急速に失われた」（二六ページ）ことと結びつく。「江戸時代の学者は、原則としてみな文章にたくみであった」（同）。彼はその例として伊藤仁斎・新井白石・荻生徂徠の名を挙げる。こうした「美と真の共存あるいは一致」の「破棄の先頭に立ったのは、福沢諭吉」だった（三〇ページ）。吉川はこれを「明治の文明のさびしさ」と呼ぶ。

これにともない「注釈の学」もまた失われた。ふたたび仁斎・徂徠が引かれ、「彼らの注釈は、語学的に精緻であるばかりでなく、哲学の書としての迫力をもっている。対象とする古典が、自己と一体なのである」（三二ページ）。この事情を理解しない明治の学者たちによって、仁斎の主著といえば『童子問』、徂徠については『弁道』・『弁名』ばかりがもてはやされるにいたる。

また、注釈の学の衰退は辞典の学の興隆でもあった。前者が個別の文脈のなかでの語の意味を追究するのに対し、後者は語源の穿鑿につとめる。「辞典のわり出す平均値は、いかに辞典家が努力しても、虚像であり、いずれの文章の中にあるその語の、価値の実像でもない」（三四ページ）。

関連して批判されるのが『日本書紀』の注解作業で、かつては「「書紀」の文章が中国中世の文体であるのを思い、そのリズムを身をもって体験すること」（四一ページ）が重んじられたのに対して、「明治の歴史学は、この書を、もっぱら史料として読んだ。（…）言語はただ事実を伝達するための媒介と見なされ、言語そのもののもつ心理のきめ、これはあまり問題にされなくなった」（四二ページ）。それは同様に東洋史学にも当てはまり、「中国古書の記載を、もっぱら中国古代史の史料として利用し、その記載が史実であるかないかを検討することを、主流の一つとして、発展してきたように見える」（四四ページ）。

これについての私見を述べ出すとこの「解説」の枠に収まらなくなるのでやめておくが、吉川の見解はおおむね首肯できるし、今こそ強調されるべきだと思う。「論理国語」と「文学国語」という区別をご存知だろうか。二〇一八年に改訂された高等学校学習指導要領で設置された科目の名称で、文章一般をこの二種に分け、前者を実用的なものとして重んじ、しっかり学ばせようという趣旨である。英語教育についてもそうだが、「言語はただ事実を伝達するための媒介」という視点が露骨なのだ。泉下の吉川はどう感じているだろうか。

3

本書第二部は「受容の歴史——日本漢学小史」と題されている。日本における外国文明受容の特徴を中国やインドと比較し、まずは「日本ほど、外国文明の存在に敏感な国も、アジアにはないであろう」(五七ページ) と評する。「日本の外国文学者が日本文学に無知であることを、往往ほこりにさえしている」(五九ページ) という言い方は六十年後の現在、さすがに妥当しないけれども、「一般の哲学者の興味が、(…) 仏教家にばかりむかうのは、そのこと自体、西洋的である」(六一ページ) というのは今も当たっている気がする。吉川がこれに批判的なのは「注釈の学」を尊重するがゆえであった。

以下、日本における漢学受容の歴史が概観される。当然、初期はまだ未熟な時代であった。「万葉集」が巻の五にともなう漢文の序、それもできばえは、より早い聖徳太子の「十七条憲法」に劣ると思われる」(六七ページ)。『万葉集』当該巻に収められた「梅花歌三十二首」の序文を出典とする「令和」の御代にこれを読むと、感慨ひとしおな一文である。

吉川は十世紀から十六世紀にいたる七百年間を「一〇　受容の中だるみ」から「一二　五山の禅僧」の正味四ページ分 (七一―七五ページ) で処理している。漢学受容に焦点を合わせ、藤原頼長が印刷本の収集に熱意を持ったこと、北条実時によって金沢文庫が開かれたこと、五山禅僧が本場中国と同水準の漢詩を作ったことが特記されるものの、前後の時代に比べて中国文明受容が低調だったという印象を与える。これは本書刊行当時の通説、すなわち遣唐使廃止以降は中国文明の積極的導入は止んだという見解に従うものである。

しかし、現在ではこうした見解は修正されている。いわゆる国風文化の時期にも唐物《からもの》を愛好するなど中国文明への憧憬は強かった。鎌倉時代ともなると吉川も指摘しているように禅仏教が流入する。これは単に仏教の新流派が伝来したというにとどまらない、文化史上画期的な事象だった。室町時代へと続く「五山文化」の時代として、近年では捉えられている。詳しくは私も参加した共同研究の成果である『東アジアのなかの五山文化』（東京大学出版会、二〇一四年）を参照されたい。

さて、第二部は全部で二十六の節から成るが、後半第一三節以降は江戸時代を扱っている。なかでも仁斎と徂徠に多くの頁を割いて彼らの学問を称え、「徂徠は、江戸時代に於ける中国への関心の極点であると共に、その時代の中国系学問の上昇の極点でもあった。（…）徂徠の次の時代の日本の学問の選手は、本居宣長であって、（…）宣長ほどの人材が、もはや儒学者の中に求められないこと、これはたしかである」（一二五―一二六ページ）と述べている。「徳川時代の最も偉大な思想家」（一四七ページ）とする三人を列記した『仁斎・徂徠・宣長』と題する著書を、吉川は本書のあと一九七五年に岩波書店から刊行することになる。

4

第三部はいろいろな場所で発表された短文を集めている。扱われている人物は伊藤仁斎・荻生徂徠・伊藤東涯・安積澹泊《たんぱく》・本居宣長・河村秀根・岡田挺之《ていし》・安井息軒。ただし仁斎についてのものが多い。吉川は徂徠と比較して「私のこのみはやはり依然として仁斎にある」

（一四二ページ）と言い、「仁斎が出なければ徂徠は出ず、徂徠が出なければ宣長は出ず、宣長が出なければ諭吉は出なかった」（一五三ページ）とその思想史的役割を高く評価する。

　これを踏まえて読むと、「二つの伊藤仁斎論――スパアとツァトロフスキ」は興味深い。前者はベルギー人のカトリック神父、後者はソ連の学者ということで、彼らの論文の紹介記事をハーバード大学から出ている学術誌で見かけた感想である。といってもその研究内容を直接批評するわけではなく、この短文を、二人の間に「仁斎をめぐって一種の冷い戦争が行われていることはわかる。しかも日本人自身の大多数は仁斎を忘れている間に、それが行われていることは、何か甚だ象徴的である」（一六五ページ）と結ぶ。初出は一九四九年九月、中華人民共和国誕生の前の月、朝鮮戦争勃発の九ヶ月前、依然としてGHQの施政下にあった日本をよそにして東西両陣営間で動く国際情勢を、仁斎に事寄せて述べているかのごとくである。もっともこの解釈は、私が経書注釈の学を研究しているゆえの勘ぐりにすぎないかもしれない。

　第三部では特に宣長を扱う章、「本居宣長――世界的日本人」と「一冊の本――本居宣長「うひ山ぶみ」」が精彩を放って見える。前者では「言《コトバ》」と「心《ココロ》」と「事《ワザ》」の関係についての宣長の主張を解説している。

「普通の認識では、「言」は、「事」を記載するが故に尊い」。だが宣長によれば「言語そのものが事実なのである」（傍点は原著）。吉川は、「これは古書を読むことを仕事として来た東洋の学問に、（…）世界の学問の方法として存在し得べき理由を与えた」と絶賛する（一九四ページ)。

そして続く段落で現代日本の「史家」や「哲学者たち」が批判される。前者は「事」を、後者は「心」を求めるに急だからだ。また自分で実作を試みない学問のありかたにも疑念が呈される。以上のことを叙する段落四つが、前半二つは「ただ」、後半二つは「また」という同じ接続詞で始まるのはたぶん偶然ではあるまい。吉川なら推敲時に朱を入れるであろう稚拙な修辞だからだ。私なら、それぞれの接続詞の二度目のものを「ところが」と「さらに」に改めたくなる。何か吉川の深謀遠慮があるように思われてならない。これまた私の妄想かもしれないが。

吉川は一九七七年、専著『本居宣長』(筑摩書房)を刊行している(前掲二文も再録)。宣長については国文学・日本思想・倫理学などの研究者によって近年もなお分厚い研究書が続々と著されている。私はそれらをあまねく読んだわけでもなければ、また読むひまもないが、狭い読書歴のなかでは吉川の宣長論に最も魅力を感じる。それは私が中国学の徒であるからかもしれないけれど、宣長自身が(本書や前掲書で説かれているごとく)漢学に対する深い素養と鋭い視線を有していた人物なのだから、その素養と視線をなぞってこそ宣長の問題意識を追体験できるのではないだろうか。その意味で、本書は単なる漢学論・儒学論ではなく、日本の古典を学ぼうとする者みなにとっての必読書である。

碩学が古典について初学者向けに語ったものは本書以外にも多い。そのなかから現在も入手しやすい池田亀鑑『古典学入門』(岩波文庫、一九九一年。原著は至文堂から一九五二年に『古典の読み方』と題して刊行された）を薦める。和文系の古典を扱っており、本書が漢文系を対象とするのと双璧をなしている。

（中国思想史、東京大学教授）

本書の原本は、一九六六年に筑摩叢書として筑摩書房から刊行されました。原則として原本を可能な限り尊重する方針に則っていますが、今日における読みやすさに配慮して、一部を除いて旧字体は新字体に改め、引用などの体裁を整理・統一したほか、『吉川幸次郎全集』第十七巻「日本篇」上（筑摩書房、一九六九年）を参照しました。なお〔　〕は編集部による注記を示します。